KB200062

오늘도 아말렉과 싸운다

오늘도 아말렉과 싸운다

지은이┃ 이승희
초판 발행┃ 2021년 11월 10일
등록번호┃ 제1988-000080호
등록된 곳┃ 서울특별시 용산구 서빙고로65길 38 두란노빌딩
발행처┃ 사단법인 두란노서원
영업부┃ 2078-3352   FAX┃ 080-749-3705
출판부┃ 2078-3331

책 값은 뒤표지에 있습니다.
ISBN 978-89-531-4090-5   03230

독자의 의견을 기다립니다.
tpress@duranno.com   http://www.Duranno.com

오늘도
아말렉과
싸운다

나의 옛사람과 반드시 치러야 할 전쟁

이승희 지음

두란노

패자의 자리에서 승자의 자리로

코로나 팬데믹 상황을 겪으면서 '교회와 성도들을 위해 목회자가 할 수 있는 일이 무엇일까?'를 고민하던 중 금식 기도를 시작했습니다. 성도들에게 기도 제목을 받았습니다. 기도 제목 하나하나를 붙들고 기도하며 성도들의 형편과 마음에 공감할 수 있었습니다. 절망적인 상황에서도 믿음을 잃지 않으려는 성도들의 간절함이 녹아 있었습니다.

그중, 제 눈을 사로잡는 내용이 있었습니다. 대다수의 성도는 하나같이 하나님 앞에 '살고자' 간구하는데, 한 분만이 '죽고자' 간구하였습니다. 누가 이런 기도 제목을 내놓았는지 몹시 궁금했습니다. 그는 살아온 날보다 살아갈 날이 더 많은 젊은 자매였습니다.

'왜 이런 기도를 부탁했을까?'

기도를 부탁한 자매는 하나님을 사랑하는 믿음도 있었고, 신앙생활도 잘하고 있었습니다. 겉으로 보면 고통이라는 단어가 비껴갔을 정도로 문제없어 보였습니다. 그러나 자매에게는 사람의 눈으로는 볼 수 없는 커다란 내면의 아픔이 있었습니다. 원인을 알 수 없는 감정들이 자매의 영혼을 흔들고 있었습니다. 참으로 마음이 아팠습니다.

우리 국민의 58%가 오랜 코로나 상황으로 인해 '지치고 방전됐다'고 응답했습니다. 국민의 절반 가까이(46%)는 우울과 불안감을 호소하고 있는 것으로 나타났습니다.[1] 또한 통계청에서 발표한 '사망 원인 통계'를 보면 2020년 한 해, 우리나라 1일 평균 자살자 수는 무려 36.1명이나 된다고 합니다.[2] 이를 시간으로 환산하면 시간당 1.5명꼴입니다. 가장의 무게를 감당해야 하는 남자의 자살 비율이 여자보다 2배 이상 많았으며, 특히 꿈을 품고 살아야 할 10~30대의 사망 원인 1위가 자살이

---

1 KBS, '코로나19에 대한 일반 국민 인식 변화 추이 조사 결과 보고서', 2021. 08. 31.
2 통계청, '2020 사망원인통계', 2021. 09. 28.

었습니다. 여전히 우리나라는 OECD 국가 중 자살률 1위라는 불명예를 가지고 있습니다. 이것은 비단 사회 문제만이 아니라 교회의 문제요, 성도의 문제이기도 합니다.

이런 상황을 성경적으로 해석하고, 말씀으로 대안을 제시하고자 고민하며 기도했습니다. '왜 사람들은 스스로 패자가 되려고 할까?' '왜 사람들의 삶에 활력이 없을까?'라는 고민의 한가운데서 발견한 것이 '아말렉'입니다. 성경에서 '아말렉'이란 존재는 성도의 내면을 흔드는 주원인이었습니다. 그래서 아말렉이 어떤 존재이며 어떻게 성도를 공격하는지, 그리고 어떻게 하면 아말렉과 싸워 승리할 수 있는지를 성도들과 함께 말씀으로 나누었습니다. 이후 많은 성도가 영혼의 자유함을 느꼈고, 이제는 아말렉과의 싸움에서 승리할 수 있겠다는 감격스러운 간증을 들려주었습니다. 이러한 말씀의 은혜를 함께 누리고자 그동안 강단에서 선포해 왔던 생생한 메시지를 이 책에 담았습니다.

이 책을 펼친 당신에게도 하나님의 은혜가 임하기를 기대합니다. 그리고 영혼을 흔드는 아말렉과의 싸움에서 영원한 승리를 맛보는 인생이 펼쳐지길 소망합니다. 오늘도 감당해야 할 아말렉과의 싸움, 그 치열한 영적 전쟁의 자리가 승리와 영광의 자리가 되길 축복합니다.

2021년 11월
이승희 목사

프롤로그

목차

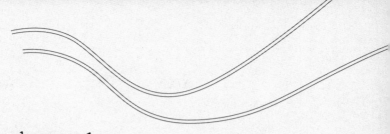

chapter 1.

아말렉, 내 안에 있다

절대 악이 나를 공격한다면

생선 가시가 목에 걸려 본 적이 있습니까? 처음에는 약간 불편하다고 느낄 정도인데, 시간이 갈수록 따갑고 아플 뿐만 아니라 굉장히 불편해집니다. 그래서 맨밥을 삼켜 보기도 하고, 물을 벌컥벌컥 들이켜기도 합니다. 그러나 목에 걸린 가시를 빼내기란 여간 어려운 일이 아닙니다. 만약에 이런 생선 가시가 늘 목에 걸려 있다면 어떨까요? 일상생활에 지장을 줄 만큼 괴로울 것입니다. 목구멍에 상처도 날 수 있고, 음식을 못 먹을 수도 있을 것입니다.

인생을 살다 보면, 생선 가시가 목에 걸린 것처럼 아프고 답답한 순간을 경험합니다. 누군가가 무심코 던진 말 한마디, 다른 사람의 무심한 행동 하나가 목에

오늘도 아말렉과 싸운다

가시처럼 걸리곤 합니다. 더러는 말 못할 어떤 상황이 가시가 되어 걸리기도 합니다. 남들은 대수롭지 않게 여기는 일이 내게는 평생을 힘들고 아프게 하는 가시가 될 수도 있습니다. 이처럼 목을 찌르는 가시와 같은 일들이 우리 주변에 상당히 많습니다.

원태연 시인은 〈상처〉라는 시에서 이렇게 고백합니다.

먹지도 않은 생선 가시가
목에 걸려 있는 것 같다
그것도
늘

어떻게 보면 인생이란 생선 가시 같은 것을 품고 사는 것이라고 말할 수 있습니다.

하나님이 택하신 이스라엘 백성에게도 목에 가시와 같은 존재가 있었습니다. 바로 '아말렉'입니다. 아말렉은 이스라엘 백성의 삶을 불편하게 만드는 가시 같은 존재, 나아가 삶을 고통스럽게 만드는 존재였습니다.

어떻게 아말렉은 이스라엘 백성에게 목에 가시와 같은 존재가 되었을까요? 아말렉은 어떤 이들이었습니까?

사사기 10장 12절을 보면, 아말렉을 이렇게 소개합니다.

> 또 시돈 사람과 아말렉 사람과 마온 사람이 너희를 압제할 때에 너희가 내게 부르짖으므로 내가 너희를 그들의 손에서 구원하였거늘

아말렉은 시돈, 마온 사람과 함께 이스라엘 백성을 압제하는 세력으로 소개되고 있습니다. 여기서 '압제하다'라는 표현은 단순히 힘으로 누르고 정복하는 것을 의미하는 것이 아니라 적극적으로 괴롭히고, 학대하는 것을 가리킵니다. 즉 아말렉이 앞장서서 하나님이 택하신 이스라엘 백성의 숨통을 조였다는 뜻입니다. 이처럼 아말렉은 이스라엘 백성의 삶을 불편하게 하고, 그들을 억압하며 고통으로 몰아넣는 존재였습니다. 오죽하면 이스라엘 백성이 하나님께 부르짖으며

아말렉의 공격으로부터 구원해 주시기를 간구했겠습니까? 하나님께 부르짖고 매달릴 만큼 아말렉의 존재는 그들에게 고통 그 자체였기 때문입니다.

그런가 하면 사사기 6장 3-4절에서는 아말렉을 이렇게 소개하고 있습니다.

> 이스라엘이 파종한 때면 미디안과 아말렉과 동방 사람들이 치러 올라와서 진을 치고 가사에 이르도록 토지 소산을 멸하여 이스라엘 가운데에 먹을 것을 남겨 두지 아니하며 양이나 소나 나귀도 남기지 아니하니

이스라엘 백성은 탐스러운 열매를 기대하며 땀 흘려 밭에 씨앗을 뿌렸습니다. 그런데 수확의 기쁨을 맛보기도 전에 번번이 아픔을 겪곤 했습니다. 아말렉이 다른 민족들과 함께 이스라엘에 쳐들어와 이스라엘 백성이 애써 일궈 놓은 밭을 망치고 양과 소와 나귀를 빼앗아 갔기 때문입니다. 그들은 철저히 파괴하고, 하나도 남김 없이 수탈해 갔습니다.

이처럼 아말렉은 하나님의 백성이 살아가는 삶의

터전을 황폐하게 만들고, 마땅히 누려야 할 수확의 기쁨을 강탈해 가는 존재입니다. 그들은 하나님이 이스라엘에 베푸신 은혜를 빼앗아 갔습니다. 그러므로 아말렉은 이스라엘 백성에게 목에 가시와 같은 존재를 넘어 원수라고 할 수 있습니다.

기억하라 vs. 기억을 지우라

이집트에서 오랫동안 종살이했던 이스라엘 백성이 출애굽하여 그들보다 앞서서 일하시는 하나님의 인도하심을 따라 가나안을 향해 행진합니다. 그리고 마침내 가나안 건너편 모압 평지에 이릅니다. 이제 그들 눈앞에 보이는 요단강만 건너면, 하나님이 선물로 약속하신 땅, 젖과 꿀이 흐른다는 가나안에 입성하게 되는 것입니다.

요단강 건너 어렴풋하게 보이는 가나안을 바라보는 이스라엘 백성의 마음은 어땠을까요? 마치 결혼식을 앞둔 신부처럼, 제대를 앞둔 병사처럼 굉장히 설레고 들뜬 마음이었을 것입니다. 그곳을 바라보며 각자 품

오늘도 아말렉과 싸운다

은 꿈과 계획을 서로 나눴을 것입니다. 아직 가나안에 들어가지 않았지만, 이미 마음으로는 가나안을 누리고 있었을 것입니다.

그런데 바로 이때, 하나님의 사람 모세가 이스라엘 백성 앞에 서서 가나안 입성을 앞둔 그들에게 이렇게 말합니다.

> 너희는 애굽에서 나오는 길에 아말렉이 네게 행한 일을 기억하라 곧 그들이 너를 길에서 만나 네가 피곤할 때에 네 뒤에 떨어진 약한 자들을 쳤고 하나님을 두려워하지 아니하였느니라 그러므로 네 하나님 여호와께서 네게 기업으로 주어 차지하게 하시는 땅에서 네 하나님 여호와께서 사방에 있는 모든 적군으로부터 네게 안식을 주실 때에 너는 천하에서 아말렉에 대한 기억을 지워 버리라 너는 잊지 말지니라 신 25:17-19

모세의 말을 살펴보면, 당시 상황과 맞지 않는 말을 하는 듯합니다. 꿈에 부풀어 있는 이스라엘 백성을 생각한다면 당연히 "하나님이 약속하신 가나안 땅에서 기쁨을 누리게 될 것이다"와 같은 희망에 찬 메시지를 전해야 할 텐데, 모세는 내일을 향한 기대가 아닌 어제에 대한 기억을 명령하고 있습니다.

　모세가 이스라엘 백성에게 강조한 첫 마디는 무엇입니까? "기억하라"(17절)입니다. 그리고 어떤 말로 마칩니까? "잊지 말지니라"(19절)입니다. '기억하라'와 '잊지 말라'는 표현은 다르지만, 의미는 비슷합니다. 어떤 것을 기억하고 회상할 것을 요구하는 것입니다.

　모세는 눈앞에 보이는 가나안 땅을 바라보며 그곳에 하루빨리 입성하고 싶어 들뜬 마음을 주체하지 못하고 있는 이스라엘 백성에게 그들이 잊고 있던 중요한 사실을 일깨워 주기를 원했습니다.

　그런데 이어지는 모세의 말을 계속 들어보면 다소 의아한 데가 있습니다. 기억하고 잊지 말라고 하더니 뜬금없이 "기억을 지워 버리라"(19절)고 말하고 있기 때문입니다.

　'기억하고 잊지 말라'와 '기억을 지워 버리라'는 전혀 다른 뜻입니다. 모세는 서로 다른 메시지를 동시에

　　　　　　　　　　오늘도 아말렉과 싸운다

전하고 있습니다. 모세가 한입으로 두말하는 것처럼 보이기도 합니다. 그러니 우리는 다음과 같은 질문을 해야 합니다.

"모세가 던진 서로 다른 의미의 명령을 어떻게 이해 해야 하는가?"

"왜 이런 상반된 명령을 내렸을까?"

이것을 이해하기 위해서는 모세가 말한 '기억하고 잊지 말라'와 '기억을 지워 버리라' 사이에 감춰진 의 미를 살필 필요가 있습니다.

먼저, 모세가 이스라엘 백성에게 무엇을 기억하라 고 명령했는지를 살펴야 합니다. 그것은 "네게 행한 일"(17절)입니다. 즉 아말렉이 이스라엘 백성에게 행한 일을 기억하라는 것입니다. 그들에게 행한 아말렉의 만행을 잊지 말고, 되새겨 잘 기억하라고 말한 것입니 다. 이는 아말렉이 어떤 존재인가를 잊지 말라는 뜻입 니다.

그다음, 모세가 이스라엘 백성에게 무엇을 기억에 서 지워 버리라고 명령했는지를 살펴봅시다. 이를 알 기 위해서는 아말렉에 대한 기억을 지워 버리라고 한

'때'를 알아야 합니다. 그때가 언제일까요? "네 하나님 여호와께서 네게 기업으로 주어 차지하게 하시는 땅에서 네 하나님 여호와께서 사방에 있는 모든 적군으로부터 네게 안식을 주실 때"(19절)입니다.

이것은 무엇을 의미할까요? 이스라엘 백성이 장차 약속의 땅 가나안에 입성해 하나님이 주시는 풍요로움을 누리게 되는 '바로 그때'에 그들의 삶에서 아말렉에 대한 기억을 지워 버리라는 뜻입니다.

이제야 우리는 모세가 이스라엘 백성에게 이러한 명령을 내린 이유를 알 수 있습니다. 그것은 바로 아말렉과 같은 절대 악의 존재를 알려 주기 위해서입니다.

이제 곧 이스라엘 백성은 약속의 땅인 가나안에 들어가게 될 것입니다. 그러나 그 땅을 밟는다고 해서 하나님의 약속이 저절로 성취되는 것은 아닙니다. 그들이 들어가야 할 가나안에는 이미 가나안 족속들이 거주하고 있었기 때문입니다. 그들과 전쟁을 치루어 땅을 차지해야 했습니다.

따라서 모세는 가나안 땅에 입성하게 될 이스라엘 백성에게 이렇게 명령합니다.

오늘도 아말렉과 싸운다

네 하나님 여호와께서 너를 인도하사 네가 가서 차지
할 땅으로 들이시고 네 앞에서 여러 민족 헷 족속과 기
르가스 족속과 아모리 족속과 가나안 족속과 브리스 족
속과 히위 족속과 여부스 족속 곧 너보다 많고 힘이 센
일곱 족속을 쫓아내실 때에 네 하나님 여호와께서 그들
을 네게 넘겨 네게 치게 하시리니 그때에 너는 그들을
진멸할 것이라 그들과 어떤 언약도 하지 말 것이요 그
들을 불쌍히 여기지도 말 것이며 또 그들과 혼인하지도
말지니 네 딸을 그들의 아들에게 주지 말 것이요 그들
의 딸도 네 며느리로 삼지 말 것은 그가 네 아들을 유혹
하여 그가 여호와를 떠나고 다른 신들을 섬기게 하므로
여호와께서 너희에게 진노하사 갑자기 너희를 멸하실
것임이니라 신 7:1-4

이스라엘 백성이 가나안 땅을 차지하고 거주하며
하나님의 풍성한 약속을 누리기 위해서는 그곳에 이
미 거주하고 있던 많은 이방 민족과 치열한 전투를 벌
여야만 합니다. 그리고 그들을 진멸해야만 합니다. 이
스라엘 백성이 이집트에서 나와 가나안 땅 목전에 이

르기까지 광야의 길을 걸어왔다면, 이제 요단강을 건너 가나안 땅에 입성하면서부터는 전쟁의 길을 걸어야 한다는 뜻입니다.

"기억하고 잊지 말라. 그리고 기억을 지워 버리라."

모세의 명령을 통해 우리는 두 가지를 상기해야 합니다. 하나는 가나안 땅에서 전쟁을 할 때, 하나님의 약속을 강탈해 가고자 하는 절대 악의 존재가 항상 공격해 올 것이라는 사실을 잊지 말고 기억해야 합니다. 그리고 다른 하나는 가나안 땅에서 절대 악의 존재가 내 삶에 틈타지 못하도록 지워 버려야 합니다.

모세는 하나님의 백성이 아말렉의 정체를 기억하되 그것을 삶에서 완전히 지워 버리기를 원했습니다. 우리는 아말렉의 정체를 알아야 합니다. 아말렉의 존재를 알고 반드시 기억했다가, 우리 삶에서 그것을 완전히 지워 버리고 이별을 선언해야 합니다.

이것을 달리 표현해 보겠습니다. 성도가 하나님이 약속하신 가나안을 온전히 누리기 위해서는 두 가지 태도

오늘도 아말렉과 싸운다

가 필요합니다. 하나는 아말렉과 같은 절대 악의 존재가 항상 우리를 공격하고 있다는 사실을 기억하는 것이고, 다른 하나는 그 존재를 내 삶에서 지워 버리기 위해 힘써 싸워야 한다는 것입니다.

이것을 신앙고백으로 표현해 보겠습니다. 신앙고백이니만큼 다음 글을 우리 영혼을 향해 믿음으로 선포하며 읽어 봅시다.

"하나님의 약속을 지워 버리려는 악한 존재, 아말렉아! 나는 하나님의 은혜로 약속의 땅에 이미 들어와 살고 있음을 선언한다. 너는 나를 절대로 공격할 수 없다. 나는 하나님의 약속을 누리기 위해 내 삶에서 너를 지울 것을 선포한다!"

"하나님의 나라는 말에 있지 아니하고 오직 능력에"(고전 4:20) 있습니다. 이 고백이 아말렉을 지우기 원하는 성도에게 응답으로 역사할 것을 믿습니다.

그렇다면 아말렉이 대체 어떤 존재인지, 성경을 통

해 그들의 정체를 파헤쳐 봅시다.

내 안에 있는 적, 아말렉

우리가 가장 먼저 기억해야 할 사실은 아말렉은 '내 안에 있는 적'을 가리킨다는 것입니다. 이것이 바로 아 말렉의 정체입니다.

"아니, 성경에 나오는 아말렉이 '내 안에 있는 적'이 라고요?"

의아한 표정으로 이런 질문을 할 수 있을 것입니다. 구약시대, 그것도 출애굽 시대의 사건이 신약시대를 살아가고 있는 우리에게도 적용된다는 말이 쉽게 이 해되지 않을 것입니다. 그러나 아말렉의 뿌리를 살펴 보면, 그들은 단지 이스라엘 백성을 괴롭히는 존재만 이 아닌 오늘을 살아가는 우리 안에도 들어와 우리를 흔들며 괴롭히는 적임을 알 수 있습니다. '내 안에 있 는 적'인 아말렉의 정체를 이해한다면, 이렇게 말하게 될 것입니다.

"아! 아말렉은 바로 내 안에 숨어 있는 '나의 옛사

오늘도 아말렉과 싸운다

람'이구나!"

자, 그럼 아말렉에 대해서 좀 더 깊이 살펴봅시다.
먼저, 아말렉의 뿌리를 살펴보겠습니다.

> 에서의 아들 엘리바스의 첩 딤나는 아말렉을 엘리바스
> 에게 낳았으니 이들은 에서의 아내 아다의 자손이며 창
> 36:12

에서의 아들 엘리바스가 딤나라는 여인을 첩으로
데려와 아말렉을 낳았습니다. 이 말씀에서 두 가지 특
이한 점을 발견할 수 있습니다.

하나는 엘리바스의 본처 이름이 없고 첩의 이름만
기록되어 있다는 것입니다. 상식적으로 본처나 첩의
이름이 함께 기록되든지 아니면 본처 이름만 기록되
어야 할 텐데, 의도적으로 본처 이름을 누락한 채 첩의
이름만 기록한 것입니다. 이것은 무엇을 의미할까요?

먼저, 성경이 무엇을 강조하고 있는지를 살펴보아야
그 의미를 알 수 있습니다. 성경은 본처에게서 난 자녀

가 아닌 첩에게서 난 아들의 이름을 언급함으로써 아말렉의 존재를 강조하고자 했습니다. 이러한 강조는 아말렉이라는 이름이 반복되는 것으로 나타납니다.

> 고라 족장, 가담 족장, 아말렉 족장이니 이들은 에돔 땅에 있는 엘리바스의 족장들이요 이들은 아다의 자손이며 창 36:16

'족장'은 무리의 통치자를 가리킵니다. 따라서 '아말렉 족장'이란 아말렉이라는 한 사람의 이름이 훗날 무리를 대표하는 통치자의 이름이 된다는 것을 의미합니다. 이처럼 아말렉은 한 사람이 아닌 무리를 대표하는 이름이고, 구약시대에 이 민족이 하나님의 역사에 악영향을 미칠 것을 암시합니다.

그리고 또 하나의 특이점은 12절, 15절에서 "에서"라는 이름이 두 번이나 반복 기록되었다는 것입니다. 반복은 강조를 의미합니다. 즉 아말렉이 에서의 후손임을 강조한 것입니다. 에서는 야곱의 쌍둥이 형제이며, 야곱과 에서는 이삭의 자녀입니다. 이삭은 누구입니

오늘도 아말렉과 싸운다

까? 그는 아브라함의 자녀입니다. 그러므로 아말렉의 뿌리는 믿음의 조상 아브라함에게 있음을 알 수 있습니다.

그렇다면 이런 질문을 할 수 있습니다.

"아말렉이 아브라함의 후손이라면, 왜 같은 후손인 이스라엘 백성과 화목하게 살지 못했을까? 어쩌다가 오히려 이스라엘 백성을 괴롭히고, 압제하며, 강탈하는 원수가 되었을까?"

답은 간단합니다. 신앙 때문입니다. 좀 더 정확하게 말하자면 하나님의 선택 때문입니다.

아브라함의 아들 이삭이 리브가를 아내로 맞이합니다. 그리고 그녀가 쌍둥이를 임신합니다. 아내의 임신 소식을 들은 이삭은 참으로 기뻤을 것입니다. 그러나 그의 기쁨은 오래가지 못했습니다.

> 그 아들들이 그의 태 속에서 서로 싸우는지라 그가 이르되 이럴 경우에는 내가 어찌할꼬 하고 가서 여호와께 묻자온대 창 25:22

사랑하는 아내의 임신 소식에 기뻐할 겨를도 없이
아들들이 태중에서 서로 싸우는 모습을 보는 아버지
의 마음이 어땠을까요? 이삭은 근심하며 이 문제를 놓
고 기도하기 시작했습니다. 그 기도에 하나님이 응답
하십니다.

> 여호와께서 그에게 이르시되 두 국민이 네 태중에 있구
> 나 두 민족이 네 복중에서부터 나누이리라 이 족속이
> 저 족속보다 강하겠고 큰 자가 어린 자를 섬기리라 하
> 셨더라 창 25:23

하나님은 이삭에게 아들들이 태에서 나오기 전부터
둘로 갈라질 것이라고 말씀하십니다. 이것은 신앙의
갈라짐입니다. 즉 야곱은 하나님의 선택을 받은 신앙
의 길을 걷게 될 것이고, 에서는 하나님을 따르지 않는
불신앙의 길을 걷게 될 것이라는 뜻입니다. 에서와 야
곱은 원래 한 형제요 가족입니다. 더 나아가 이들은 하
나님이 택하신 백성인 아브라함의 후손입니다. 실제로
그들은 신앙의 갈림길에 들어서는 순간, 서로 다름으

오늘도 아말렉과 싸운다

로 인해 원수가 되었습니다. 같은 조상을 둔 후손인데도 서로 다른 신앙의 길을 걸음으로써 건널 수 없는 강을 건너게 된 것입니다.

그러므로 우리는 아말렉을 이스라엘과는 다른 여러 민족 중 하나로 생각할 것이 아니라 이스라엘과 함께 하나님을 믿는 신앙의 길을 걸어야 했던 본래 한 후손으로 이해해야 합니다. 아브라함의 후손이라 할지라도, 다른 신앙의 길을 걸어간다면 하나님의 백성을 공격하고 심지어 하나님을 대적하기도 하는 존재가 될수 있음을 기억해야 합니다.

아말렉의 정체: 나의 옛사람

오늘을 사는 우리에게 아말렉은 어떤 존재일까요? 우리가 예수님을 믿고 신앙의 길로 들어선 것은 이전에 걸었던 죄악의 길에서 과감히 돌아섰음을 의미합니다. 이전에 그토록 갈구하며 살았던 세상 것들의 덧없음을 깨닫고, 그것을 내려놓는 것을 말합니다. 그런데 예수님을 위하여 배설물로 여기려던 세상 것들이 도리어 신앙의 길을 걷지 못하게 하는 걸림돌이 되는 경우가 있습니다.

이 같은 상황에서 힘들어하는 분들을 목회 현장에서 많이 만납니다. 예를 들어, 예수님을 믿기 전에 많은 돈을 모으는 것을 인생의 가치로 여기며 살던 사람이 있었습니다. 그러나 하나님의 은혜로 예수님을 영접하고 나서는 이전에 가졌던 돈에 대한 집착과 욕망을 과감히 내려놓았습니다. 그런데 안타깝게도 사업이 어려워지고, 급전이 필요한 상황에 놓이자 그의 신앙의 근간이 흔들리는 것입니다.

세상은 돈으로 성도의 신앙을 흔듭니다. 물론, 돈은 하나님이 우리에게 허락하신 은총의 도구입니다. 그래서 성도는 돈을 바르게 사용해야 합니다. 돈만이 아닙니다. 권력, 지위 등도 바르게 사용해야 합니다. 우리를 유혹하는 시험이 얼마나 많이 다가오는지 모릅니다. 이처럼 신앙의 길을 걷고자 하는 우리를 흔드는 외부의 공격이 바로 아말렉 같은 존재입니다.

아말렉은 외부에만 존재하지 않습니다. 외부에서

오늘도 아말렉과 싸운다

공격하는 아말렉보다 더 크게 위협하는 존재가 있습니다. 그것은 내 안에 있는 아말렉입니다.

우리는 예수님을 믿기 전에 하나님을 대적하는 아말렉과도 같았습니다. 나와 아말렉은 같은 편이 되어 함께 악을 도모했습니다. 악취가 나더라도 코가 금세 적응하여 그 냄새에 둔해지는 것처럼 죄를 짓는 악한 행동을 하고도 깨닫지 못한 채 마음껏 죄악을 저지를 만큼 우리는 죄인 중에서도 괴수 같은 존재였습니다.

그러다가 하나님의 전적인 은혜로 예수님을 믿고 하나님의 백성이 되어 악을 버리고 신앙을 택하자 이전에 함께했던 아말렉과 원수가 되었습니다. 아말렉과 같은 길을 걸어갈 수 없게 된 것입니다. 전에는 아말렉과 함께했다면 이제는 아말렉과 맞서 싸워야 합니다.

에서의 후손인 아말렉은 죄악의 길을 버리고 하나님의 길을 걸어가려는 우리를 가만히 두지 않습니다. 어떻게든 우리 삶을 흔들어 하나님과의 관계를 깨뜨리려고 합니다. 온갖 전략을 세워 우리를 끊임없이 공격하고, 하나님을 향해 걸어가는 신앙의 길을 중단하게 만들고자 애씁니다. 이처럼 아말렉은 우리 믿음을 뒤흔드는 존재요 하나님이 주시는 은혜의 풍성함을 수탈하는 대적입니다. 그렇다면 우리는 아말렉을 달리 표현할 수 있을 것입니다. 아말렉은 우리 속에 있는 죄악의 본성인 '옛사람'이라고 말입니다.

목자의 심장을 가지고 평생 이방인을 위한 복음의 그릇으로 살았던 바울의 고백을 보면, 그가 자신을 흔드는 내면의 아말렉으로 인하여 갈등하고 분투하는 삶을 살았음을 알 수 있습니다.

그러므로 내가 한 법을 깨달았노니 곧 선을 행하기 원하는 나에게 악이 함께 있는 것이로다 내 속사람으로는 하나님의 법을 즐거워하되 내 지체 속에서 한 다른 법이 내 마음의 법과 싸워 내 지체 속에 있는 죄의 법으로 나를 사로잡는 것을 보는도다 오호라 나는 곤고한 사람이로다 이 사망의 몸에서 누가 나를 건져내랴 롬 7:21-24

바울은 선을 행하려는 자아와 악을 행하려는 옛사람이 내면에서 서로 싸우고 있다고 고백합니다. 다른

오늘도 아말렉과 싸운다

사람이 절대 볼 수 없는 내면의 갈등이 있었음을 고백하는 것입니다. 바울의 마음속 깊은 곳에는 하나님의 뜻에 순종하기를 원하는 갈망이 있습니다. 이 고백은 가식적인 표현이 아닙니다. 그런데 그의 마음속에 하나님의 뜻을 거부하고, 하나님을 대적하려는 또 다른 모습이 있음을 발견합니다. 바울 한 사람 속에 새 사람과 옛사람이 서로 싸우고 있는 것입니다. 이것을 깨달은 바울은 자신의 속사람을 보며 "오호라! 나는 곤고한 사람이로다! 이 사망의 몸에서 누가 나를 건져내랴"라고 한탄했습니다. 이를 통해 바울은 무엇을 깨달았습니까?

> 우리 주 예수 그리스도로 말미암아 하나님께 감사하리로다 그런즉 내 자신이 마음으로는 하나님의 법을 육신으로는 죄의 법을 섬기노라 롬 7:25

바울의 고백을 보면, 마치 우리 모습을 비춰 보게 하는 거울과도 같다는 생각이 듭니다. 우리도 신앙의 길을 걸어가면서 바울과 같은 갈등의 순간을 자주 만나기 때문입니다. 은혜를 누리고 있을 때는 하나님 앞에 서는 것이 하나도 어렵지 않습니다. 오히려 하나님 앞에 서기를 사모합니다. 그래서 참으로 즐겁고 기쁘게 신앙의 길을 걸어갑니다. 그러나 잠시라도 게을러지거나 교만하게 되면, 옛사람이 슬며시 찾아옵니다. 그리고는 나와 하나님과의 관계를 어색하게 만들어 놓습니다. 죄를 짓고 나무 뒤에 숨어 버린 아담과 하와처럼 하나님 앞에 서는 것이 부담스러워지고, 그분과 교제하는 것이 꺼려집니다. 그리고 모르는 사이에 죄가 우리를 압제해 신앙의 발걸음을 떼지 못하게 만들고 맙니다.

지금까지 살아온 지난 인생을 돌이켜 생각해 보십시오.

"그때 내가 왜 무너졌을까? 왜 실패했을까?"

스스로 질문해 보십시오. 내 속에 있는 아말렉으로 인해 넘어진 적이 얼마나 많습니까? 연말이 되면, 우리는 연중행사처럼 새해 계획을 꼼꼼하게 세우고 결심을 많이 합니다. 그러나 막상 살다 보면 어디까지나 계획은 계획일 뿐이고, 결심은 결심에 지나지 않음을

오늘도 아말렉과 싸운다

알게 됩니다.

우리의 결심이 이처럼 한순간에 무너지는 이유가 무엇일까요? 바로 내 안에 있는 적, 아말렉이 나를 흔들어 결심을 무너뜨리기 때문입니다. 실패를 하면, 다른 사람이나 환경을 탓하는 사람이 있습니다. 그러나 이것을 영적으로 바라보면, 내 입술에서 나오는 원망과 불평은 내 속에 있는 아말렉이 하나님의 뜻을 대적하게 만들었기 때문입니다.

"입에서 나오는 것들은 마음에서 나오나니 이것이야말로 사람을 더럽게 하느니라"(마 15:18)라는 예수님의 말씀처럼 신앙의 걸림돌은 바깥보다는 우리 안에 있는 경우가 허다합니다.

아말렉의 성향: 불신

아말렉의 정체가 '내 안에 있는 적'임을 알았으니 이제 아말렉의 '성향'을 알아볼 필요가 있습니다. 성향을 파악하면 그에 대한 대비책도 알 수 있기 때문입니다.

아말렉의 성향을 어떻게 알 수 있을까요? 아말렉이

이스라엘 백성을 어떻게 공격했는지를 살펴보면 알
수 있습니다.

> 곧 그들이 너를 길에서 만나 네가 피곤할 때에 네 뒤에
> 떨어진 약한 자들을 쳤고 하나님을 두려워하지 아니하
> 였느니라 신 25:18

모세는 이스라엘 백성이 이집트에서 나와 시내 광
야를 행진할 때, 아말렉의 공격을 받았다고 말합니다.
아말렉은 왜 이스라엘 백성을 공격했을까요? 쉽게 생
각해서, 이스라엘 백성이 만만해 보였기 때문에 그럴
수 있습니다. 아니면 자신들이 이스라엘 백성보다 강
하다고 생각했기 때문에 그럴 수도 있습니다. 그러나
이보다 더 근본적인 이유가 있습니다.

성경은 아말렉이 이스라엘 백성의 행진을 방해하거
나, 그들의 힘을 약하게 하거나, 그들의 소유를 빼앗
기 위해서 공격했다고 말하지 않습니다. "하나님을 두
려워하지 아니하였느니라"라고 말합니다. 즉 이스라엘
백성을 이끌어 가시는 하나님을 두려워하지 않았기

오늘도 아말렉과 싸운다

때문에 공격했다는 것입니다.

아무리 힘없는 어린아이라 할지라도 그 뒤에 힘센 부모가 있다면, 아무도 함부로 건들지 못할 것입니다. 이와 마찬가지로 아말렉이 이스라엘 백성을 인도하시는 하나님을 두려워했다면 이스라엘 백성이 아무리 하찮아 보여도, 그들의 것이 아무리 탐나더라도, 공격할 수 없었을 것입니다. 하지만 아말렉은 하나님을 두려워하지 않았습니다. 그래서 하나님의 백성을 우습게 여기고 공격할 수 있었던 것입니다. 이처럼 아말렉은 근본적으로 하나님을 불신하는 성향을 가지고 있습니다.

이러한 불신의 성향은 이스라엘 백성에게서도 찾아볼 수 있습니다. 이스라엘 백성이 오랫동안 시내 광야를 배회했던 이유가 무엇입니까? 그들에게 나침반이 없어서 그랬을까요? 탁월한 이동 수단이 없어서였을까요? 아니면 가나안으로 들어가는 길을 몰라서 그랬을까요?

광야 생활을 하던 이스라엘 백성이 가데스 바네아에 도착합니다. 그곳에서 하나님이 그들에게 가나안 땅 정탐을 명령하십니다. 이스라엘 백성은 지파별로 정탐꾼을 한 명씩 뽑습니다. 이스라엘을 대표하는 열두 명의 정탐꾼이 사십 일 동안 가나안을 정탐했습니다. 돌아온 정탐꾼들이 백성을 모아 놓고, 그 땅에 대해 보고하기 시작합니다. 열두 정탐꾼은 같은 땅을 보고 왔지만 보고는 사뭇 달랐습니다.

> 그와 함께 올라갔던 사람들은 이르되 우리는 능히 올라가서 그 백성을 치지 못하리라 그들은 우리보다 강하니라 하고 이스라엘 자손 앞에서 그 정탐한 땅을 악평하여 이르되 우리가 두루 다니며 정탐한 땅은 그 거주민을 삼키는 땅이요 거기서 본 모든 백성은 신장이 장대한 자들이며 거기서 네피림 후손인 아낙 자손의 거인들을 보았나니 우리는 스스로 보기에도 메뚜기 같으니 그들이 보기에도 그와 같았을 것이니라 민 13:31-33

열 명의 정탐꾼은 그들 자신을 "메뚜기 같으니"라고 보고했습니다. 왜냐하면 가나안에 거주하고 있던 이방 사람들은 굉장히 우람하고 장대해 보였기 때문입니다.

그에 비해 자기들의 모습은 왜소하고 볼품없어 보였습니다.

그러나 두 명의 정탐꾼은 전혀 다르게 보고합니다.

> 다만 여호와를 거역하지는 말라 또 그 땅 백성을 두려워하지 말라 그들은 우리의 먹이라 그들의 보호자는 그들에게서 떠났고 여호와는 우리와 함께하시느니라 그들을 두려워하지 말라 하나 민 14:9

그들은 앞서 "스스로 보기에도 메뚜기 같으니"라고 보고한 정탐꾼들과는 반대로 가나안에 거주하고 있던 이방 사람들을 가리켜 "우리의 먹이"라고 말합니다. 왜냐하면 그들은 이방 사람들의 겉모습을 보지 않고, 자신과 함께하시는 하나님의 능력을 바라봤기 때문입니다. 이 정탐꾼들이 바로 눈의 아들 여호수아와 여분네의 아들 갈렙입니다.

서로 다른 보고를 들은 이스라엘 백성은 어떻게 반응했을까요? 만약 여러분이 이스라엘 백성이었다면 어떤 보고를 받겠습니까? 하나님이 함께하실 것을 믿

고 담대하게 그 땅을 점령하자는 보고를 받아들이지
않았겠습니까? 그러나 이스라엘 백성은 그렇지 않았
습니다.

> 온 회중이 소리를 높여 부르짖으며 백성이 밤새도록 통
> 곡하였더라 이스라엘 자손이 다 모세와 아론을 원망하
> 며 온 회중이 그들에게 이르되 우리가 애굽 땅에서 죽
> 었거나 이 광야에서 죽었으면 좋았을 것을 어찌하여 여
> 호와가 우리를 그 땅으로 인도하여 칼에 쓰러지게 하려
> 하는가 우리 처자가 사로잡히리니 애굽으로 돌아가는
> 것이 낫지 아니하랴 이에 서로 말하되 우리가 한 지휘
> 관을 세우고 애굽으로 돌아가자 하매 모세와 아론이 이
> 스라엘 자손의 온 회중 앞에서 엎드린지라 민 14:1-5

이스라엘 백성은 자신들의 연약함만을 바라보고 부
정적으로 이야기한 정탐꾼들의 보고를 받았습니다. 그
러고는 두려움과 괴로움으로 밤새도록 통곡하며 하나
님께 부르짖었습니다. 가나안 땅으로 이끌기 위해 광
야로 인도하신 하나님의 손길을 이해하지 못하고, 하

오늘도 아말렉과 싸운다

나님을 향해 원망을 쏟아 놓았습니다. 종노릇했던 이 집트로 다시 돌아가는 편이 낫겠다고도 말했습니다. 급기야 그들은 하나님이 세우신 리더십을 인정하지 않고, 그들 스스로 리더십을 세우려고 시도했습니다.

이스라엘 백성이 정탐꾼들의 보고를 듣고 통곡한 이유는 무엇일까요? 가나안 땅에 거주하고 있던 이방 사람들의 거대한 모습 때문만이 아닙니다. 바로 자신과 동행하시는 하나님을 믿지 않았기 때문입니다. 눈에 보이는 두려움이 그들에게 불신을 심었던 것입니다.

불신의 죄에 빠진 백성에게 하나님은 어떻게 하셨나요?

너희의 시체는 이 광야에 엎드러질 것이요 너희의 자녀들은 너희 반역한 죄를 지고 너희의 시체가 광야에서 소멸되기까지 사십 년을 광야에서 방황하는 자가 되리라 너희는 그 땅을 정탐한 날 수인 사십 일의 하루를 일 년으로 쳐서 그 사십 년간 너희의 죄악을 담당할지니 너희는 그제서야 내가 싫어하면 어떻게 되는지를 알리라 하셨다 하라 나 여호와가 말하였거니와 모여 나를 거역하

chapter 1.   아말렉, 내 안에 있다

는 이 악한 온 회중에게 내가 반드시 이같이 행하리니 그들이 이 광야에서 소멸되어 거기서 죽으리라 모세의 보냄을 받고 땅을 정탐하고 돌아와서 그 땅을 악평하여 온 회중이 모세를 원망하게 한 사람 곧 그 땅에 대하여 악평한 자들은 여호와 앞에서 재앙으로 죽었고 그 땅을 정탐하러 갔던 사람들 중에서 오직 눈의 아들 여호수아와 여분네의 아들 갈렙은 생존하니라 민 14:32-38

하나님은 가나안 땅을 정탐했던 사십 일을 기준으로 하루를 일 년으로 쳐서 이스라엘 백성이 사십 년간 광야를 배회하도록 하셨습니다. 사십 년 동안 광야 생활을 하게 하신 이유는 이스라엘 백성 속에 있는 불신의 성향 때문이었습니다.

이뿐 아닙니다. 이스라엘 백성이 이집트에서 나온 이후부터 가나안 땅에 입성할 때까지 그들의 행로를 살펴보면, 하나님의 뜻에 순종하기보다는 자기 뜻을 앞세우며 하나님의 이끄심을 거부하고, 불순종하던 모습을 더 많이 찾아볼 수 있습니다. 어쩌면 이스라엘 백성에게 광야의 시간은 하나님을 끝까지 의심한 시간

오늘도 아말렉과 싸운다

이었고, 하나님에게 광야의 시간은 비록 이스라엘 백성이 불신에 빠지긴 했지만, 그들이 약속의 땅에서 은혜를 누리도록 끝까지 붙잡고 연단하신 시간이었다고 할 수 있습니다.

이것을 꼭 기억하십시오. 이스라엘 백성이 시내 광야를 배회한 이유는 하나님의 능력이 부족해서가 아닙니다. 오히려 이스라엘 백성이 하나님께 원망과 불평을 했기 때문입니다. 이러한 원망과 불평은 그들 속에 있는 불신의 성향 때문에 나타났습니다. 그럼에도 불구하고, 하나님은 원망과 불평을 하는 백성을 품에 안고 연단하셨습니다.

아말렉은 우리 속에 있는 '불신의 성향'입니다. 불신의 성향이 있으면, 하나님이 가나안 땅에 이끌어 주셔도 그곳에서 풍요로움을 누릴 수 없습니다. 아말렉은 하나님의 뜻을 경홀히 여겼던 에서로부터 내려오는 영성의 혈통을 물려받은 존재입니다. 그리고 하나님의 백성을 끊임없이 공격해 하나님을 향한 신뢰를 흔들어 놓는 존재입니다. 이 사실을 깊이 새겨 둘 필요가 있습니다.

그러므로 우리는 자신의 모습을 수시로 점검해 봐야 합니다. 입술로는 하나님을 신뢰한다고 고백하지만, 정작 마음과 삶은 어떠한지를 살펴야 합니다. 그리고 우리를 포기하지 않고 사랑과 돌봄으로 연단하시어 약속의 땅으로 이끌어 가기 원하시는 하나님의 역사를 믿어야 합니다. 이를 위해서 우리 삶을 하나님의 손에 맡겨 드리는 결단을 해야 합니다. 부정적인 말과 행동을 멈추고, 하나님 안에서 소망을 품어야 합니다. 그렇지 않으면 하나님이 우리에게 주시려는 복을 마음껏 누리지 못할 것입니다. 성도라고 말하면서도 정작 성도만이 누릴 수 있는 은혜를 맛볼 수 없을 것입니다.

하나님은 우리에게 도전하십니다. 우리 안에 있는 적, 불신의 성향으로 우리를 뒤흔드는 아말렉의 존재를 기억하고, 그것을 내 삶에서 완전히 지워 버리라고 도전하십니다. 살아가는 대로 믿는 것이 아니라 믿는 대로 살아가는 복이 여러분에게 있길 바랍니다.

수시로 찾아오는 적, 아말렉

내 안에 들어와 하나님을 불신하게 만드는 아말렉은 '찾아오는 적'이기도 합니다. 흥겨운 잔칫집에 불청객이 찾아와 잔치를 망친다면, 주인은 매우 불쾌할 것입니다. 불청객에게 화를 낼 수도 있겠지요. 이스라엘 백성에게 아말렉은 불청객과도 같았습니다. 성경을 보면 이스라엘은 아말렉을 초대한 적이 단 한 번도 없었지만 아말렉은 시도 때도 없이 이스라엘 백성을 찾아와 공격했습니다.

> 곧 그들이 너를 길에서 만나 네가 피곤할 때에 네 뒤에 떨어진 약한 자들을 쳤고 하나님을 두려워하지 아니하였느니라 신 25:18

모세는 이스라엘 백성에게 길에서 만난 아말렉을 기억하라고 말합니다. 이집트에서 나온 이스라엘 백성이 가나안이라는 목적지를 향해 행진하고 있을 때 갑자기 아말렉이 나타나 그들을 공격했습니다. 아말렉의 공격을 받을 때, 이스라엘 백성은 어떤 상황이었나요?

뜨겁고 척박한 광야 길을 걷느라 피곤한 상태였습니다. 그래서 백성 중에 연약한 사람들은 지칠 대로 지쳐 대열에서 뒤처지게 되었습니다. 이때, 아말렉이 갑자기 쳐들어와 이스라엘 백성을 공격했던 것입니다. 여기서 "쳤고"는 '꼬리를 치다'라는 뜻입니다. 곧 광야 길을 걸으며 기진하여 꼬리처럼 뒤처진 이스라엘 백성을 아말렉이 찾아와 공격했다는 뜻입니다. 이 사건이 출애굽기 17장 8절에 나옵니다.

그때에 아말렉이 와서 이스라엘과 르비딤에서 싸우니라

이 사건이 일어난 시점인 "그때"를 알아볼 필요가 있습니다. 신 광야를 떠나 르비딤에 장막을 친 이스라엘 백성은 그곳에서 물을 얻지 못했습니다. 그래서 이스라엘 백성은 분노와 원망을 모세를 향해 쏟아 놓습니다. 백성이 얼마나 흥분했는지 모세가 돌에 맞아 죽을 것 같은 위협을 느낀다며 하나님께 호소하기까지 했습니다. 이에 하나님은 반석에서 물이 흐르는 기적을 베풀어 주심으로써 그들의 목마름을 해갈시켜 주

오늘도 아말렉과 싸운다

셨습니다. 이렇게 하나님이 백성의 문제를 해결해 주신 "그때에" 아말렉이 공격해 온 것입니다.

이스라엘 백성이 하나님의 은혜를 마음껏 누리고 있을 때, 아말렉이 기습적으로 들이닥쳤습니다. 말씀을 다시 한번 읽어 보십시오. 이스라엘 백성이 아말렉을 찾아가 전쟁을 유도한 것이 아닙니다. 오히려 아말렉이 이스라엘 백성에게 찾아와 싸움을 걸었습니다. 이스라엘 백성의 입장에선 갑자기 불청객이 찾아와 잔치를 망쳐 버린 셈입니다.

성경은 이스라엘 백성에게 찾아온 불청객 같은 아말렉의 또 다른 모습을 다음과 같이 기록합니다.

> 이스라엘이 파종한 때면 미디안과 아말렉과 동방 사람들이 치러 올라와서 진을 치고 가사에 이르도록 토지 소산을 멸하여 이스라엘 가운데에 먹을 것을 남겨 두지 아니하며 양이나 소나 나귀도 남기지 아니하니 삿 6:3-4

앞에서 언급한 것처럼 이스라엘이 파종할 때마다 아말렉이 찾아와 모든 것을 남김없이 빼앗고, 멸할 때

chapter 1.   아말렉, 내 안에 있다

까지 공격했습니다. 이것을 의역해서 이렇게 말할 수 있습니다.

"어려운 문제를 해결하고 나서 이제 마음의 평안을 누리려고 할 때, 아말렉이 쳐들어온다!"

"열심히 살다가 비로소 쉬려고 할 때, 아말렉이 쳐들어온다!"

"실패를 거듭하다가 이제야 기회를 잡았다고 생각할 때, 아말렉이 쳐들어온다!"

불청객 아말렉은 내가 원하지 않는데도 예고 없이 불쑥불쑥 찾아와서는 내 것을 모조리 빼앗고 뒤흔들어 쑥대밭을 만들어 버립니다. 불청객이 예고 없이 들이닥쳐도 그 세력이 약하면 그나마 견딜 수 있습니다. 그런데 아말렉의 기세는 강합니다.

민수기 24장을 보면 모압왕 발락이 이스라엘을 저주하기 위해 세운 발람의 예언이 나옵니다. 발람은 아말렉을 바라보며 "민족들의 으뜸"(민 24:20)이라고 예언했습니다. 그만큼 아말렉은 강력한 세력을 가진 민족이었습니다. 그러한 아말렉이 항상 이스라엘 백성을 주시하며 살폈습니다. 그래야만 이스라엘이 조금이라

오늘도 아말렉과 싸운다

도 틈을 보일 때, 기습적으로 공격해 들어갈 수 있기 때문입니다.

우리 신앙이 해이해지고 나태해지면, 아말렉이 우는 사자와 같이 찾아와 우리를 공격할 것입니다. 초대하지 않아도 찾아오는 불청객처럼 우리에게 찾아와 신앙의 걸음을 걷지 못하도록 흔들 것입니다. 그리고 우리 안에 있는 하나님의 평강을 강탈해 갈 것입니다. 이것이 바로 아말렉의 존재입니다.

아말렉은 특별히 우리의 전인격을 압제해 버립니다. 그래서 우리의 옛 자아가 드러나게 합니다. 원망하고, 불평하고, 죄를 짓게 됩니다. 감정을 절제하지 못해 가는 곳마다 사람들과 다툼을 일으키게 됩니다.

오늘날 대한민국의 모습을 보면, 불청객 아말렉이 들이닥치는 바람에 온통 난리가 난 것 같습니다. 2019년, 국민건강보험공단에서 발표한 자료를 보면 우리나라에서 최근 5년간 분노 조절 장애로 치료를 받는 사람이 매년 30% 이상 꾸준히 증가하고 있는 것으로 나타났습니다. 특정한 연령대에서만 나타나는 것이 아니라 모든 연령대에서 꾸준히 증가 추세를 보인다니 문제가 더욱 심각합니다. 특히 코로나19 사태가 장기화되자 그에 따른 분노와 스트레스의 증가로 '코로나 블루'라 불리는 무기력증에 이어 '코로나 레드'로 불리는 분노 현상이 나타나더니 더 나아가 '코로나 블랙'이라고 하는 좌절과 절망의 심리 상태가 번지고 있다고 합니다.

감정을 주체하지 못해 어떤 말이나 행동을 한 후에 돌아서서 늘 하는 것이 무엇입니까? 바로 '후회' 아닙니까? '내가 조금만 더 참을걸' 하고 속으로 얼마나 자책하곤 합니까? 만약 지금도 자신에게 이렇게 말하고 있다면, 그것은 이미 내 속에 아말렉이 찾아왔다는 증거입니다.

자기 안에 있는 적 아말렉과 싸우던 바울의 고백을 다시 봅시다.

내가 원하는 바 선은 행하지 아니하고 도리어 원하지 아니하는 바 악을 행하는도다 롬 7:19

그렇다면 우리는 어떻게 해야 할까요? 모세가 이스

오늘도 아말렉과 싸운다

라엘 백성에게 말했던 것처럼 아말렉의 모습을 기억해야 합니다. 내 안에 찾아와 불신의 성향을 심는 아말렉의 존재를 잊지 말아야 합니다. 그리고 하나님이 주시는 은혜를 누리기 위해 아말렉을 내 삶에서 지워 내야 합니다.

이를 위해서 우리는 매일 아말렉과의 '전쟁을 선포'하고, 믿음으로 '전쟁을 감당'해야 합니다. 자신의 약한 모습을 보던 정탐꾼이 아닌 하나님의 강한 능력을 바라본 여호수아와 갈렙같이 담대하게 아말렉과 맞서 싸워야 합니다. 이를 위해서는 무엇보다도 자기 자신과 끊임없이 싸워야 합니다. 주변을 탓하고 원망하기 전에 먼저 자신의 옛 자아와 싸우십시오. 지피지기(知彼知己)면 백전불태(百戰不殆)라는 말처럼, 적을 알고 나를 알면 백 번을 싸워도 위태롭지 않습니다.

믿음으로 아말렉과 끊임없이 싸워 이김으로써 하나님이 주시는 가나안의 복을 누리는 복된 삶을 살아가시길 바랍니다.

✎ 신앙의 길을 걷지 못하도록 가로막는 내 안의 아말렉은 무엇입니까?

✎ 나는 하나님의 일하심을 언제 의심합니까?

✎ 형식적인 신앙생활을 하는 이유는 무엇이라고 생각합니까?

chapter 2.

아말렉, 틈새를 공격한다

아말렉은 약점을 노린다

약육강식의 세계로 일컬어지는 동물의 세계에서 잠자는 모습을 보면 참 흥미롭습니다. 힘이 약한 초식 동물들은 아주 짧은 시간 눈을 붙입니다. 심지어 대부분 서서 잡니다. 자면서도 긴장의 끈을 놓지 않습니다. 얼마나 예민한지 바스락거리는 소리만 들려도 깜짝 놀라 도망치곤 합니다. 돌발 상황에 대비하고자 돌아가며 보초를 서는 동물도 있습니다. 안쓰럽기까지 합니다.

그런데 사자와 같은 맹수들은 다릅니다. 편하게 엎드려 잡니다. 무리 지어 잘 때도 있지만, 혼자 있을 때도 나무 그늘 아래 떡하니 자리잡고 잡니다. 보초를 세우지도 않습니다. 왜 이렇게 자는 모습이 다를까요? 바로 힘의 차이 때문입니다.

초식 동물들은 힘이 약하기 때문에 언제든지 공격 받을 수 있다는 긴장감을 가지고 삽니다. 그렇다 보니 편히 쉬지 못합니다. 언제든지 도망칠 준비를 해야 하기 때문입니다. 반면에, 힘이 강한 맹수는 다른 동물들이 자신을 함부로 공격해 올 수 없다는 사실을 압니다. 그래서 편히 쉽니다.

아말렉은 맹수가 초식 동물을 공격하듯 이스라엘을 공격하곤 했습니다.

> 곧 그들이 너를 길에서 만나 네가 피곤할 때에 네 뒤에 떨어진 약한 자들을 쳤고 하나님을 두려워하지 아니하였느니라 신 25:18

고대 전쟁에도 지켜야 할 불문율이 있었다고 합니다. 그것은 무리에서 뒤처진 자들을 공격하지 않고, 목숨만은 살려 주는 것입니다. 그런데 아말렉은 이스라엘 백성의 꼬리, 즉 무리에서 뒤처진 연약한 이들을 공격했습니다. 당연히 지켜야 했던 규칙마저 무시한 무자비한 행동이었습니다. 하나님을 두려워하지 않는 자들의 모습이 이러합니다.

모세의 말을 다시 보십시오. 맥락에서 벗어난 말을 하는 것처럼 어딘가 어색하다는 생각이 들지 않습니까? 이스라엘 백성 앞에서 과거 아말렉이 공격했던 일을 말했다면, 그다음에는 어떤 말을 하는 것이 자연스러울까요? "아말렉이 공격해서 우리가 어려운 상황에 처했었다"고 말하거나 혹은 "아말렉이 공격했지만, 우리가 그 공격을 이겨 냈다"와 같은 말을 하는 것이 자연스럽습니다. 그런데 모세는 다르게 말합니다. 아말렉의 공격에 어떻게 대처했으며 해결했는지 말하지 않습니다. 의아하게도 아말렉이 이스라엘 백성을 공격한 이유에 관해 말합니다.

모세는 왜 아말렉이 공격한 이유를 백성에게 말했을까요? 답은 간단합니다. 그는 옛날이야기를 들려주기 위해 이스라엘 백성 앞에 선 것이 아니기 때문입니다. 약속의 땅 입성을 목전에 둔 이스라엘 백성에게 이전에 경험했던 사건을 상기시켜 그들 마음속에 하나

오늘도 아말렉과 싸운다

님의 교훈을 새겨야만 했기에 아말렉이 공격했던 이유를 말한 것입니다.

이러한 모세의 모습은 우리에게 도전을 줍니다. 모세는 모든 상황을 영적으로 바르게 바라보고 해석하는 안목이 있었습니다. 우리는 인생을 살아가면서 수많은 문제를 만납니다. 어떤 문제가 발등에 떨어지면 어떻게 해서든 빨리 해결하려고 몸부림칩니다. 하지만 그 문제가 해결되고 나면 그것으로 끝입니다. 더 이상 그 문제를 바라보지도 않고, 해석하지도 않습니다. 그래서 똑같은 문제로 항상 넘어지고 쓰러지면서 쳇바퀴 돌 듯 전전긍긍하는 신앙생활을 하게 됩니다. 하지만 모세를 보십시오. 모세는 해결책을 찾기 전에 먼저 문제의 원인을 정확히 바라보고 해석하고 있습니다. 그래서 같은 이유로 넘어지지 않도록 백성을 교훈할 수 있었던 것입니다.

이처럼 성도는 두 가지의 눈이 열려야 합니다. 하나는 육신의 눈이고, 다른 하나는 영의 눈입니다. 인생의 문제를 만날 때마다 영의 눈으로 바라보고 바르게 해석하는 영적 안목을 갖게 되기를 바랍니다.

앞서 배운 것처럼 아말렉은 믿음의 조상 아브라함의 후손입니다. 그러나 에서의 후손으로서 신앙의 자리에서 벗어나 하나님을 대적하는 자가 되었습니다. 모세는 아말렉의 공격을 영적으로 바라보며 그들이 하나님을 두려워하지 않기에 공격했노라고 해석합니다. 그들의 소유물을 빼앗기 위해서가 아니라 이스라엘 백성을 택하시고 인도하시는 하나님을 대적하기 위해 공격했던 것입니다.

이러한 아말렉의 공격을 오늘날 우리에게 적용한다면 이렇게 말할 수 있습니다.

"하나님을 불신했던 아말렉과 같은 '옛사람'이 여전히 내 속에 있어서 내가 하나님을 더욱 사랑할수록 그것이 나를 공격할 것이다."

신앙생활이란 어떤 면에서 나 자신을 관리하는 것입니다. '홈트'라는 용어가 있습니다. '홈 트레이닝'(home training)의 준말입니다. 코로나 시대에 널리 퍼진 신조어 중 하나입니다. 거리두기가 일상이 되고, 재택근무가 일반화되면서 사람들이 집에 있는 시간이 늘어나자

오늘도 아말렉과 싸운다

집 안에서라도 건강을 유지하려고 운동하는 것을 말합니다. 이처럼 육체의 건강을 유지하기 위해 집에서라도 꾸준히 운동하는 것처럼 성도는 영적 건강을 유지하기 위해 끊임없이 영적 홈트를 해야 합니다.

영적 홈트는 어떻게 하면 좋을까요? 먼저, 하나님의 부르심에 합당하게 살았던 사도 바울이 디모데에게 보냈던 편지를 살펴봅시다.

하나님의 말씀과 기도로 거룩하여짐이라 딤전 4:5

성도는 하나님의 방법으로 영적 건강을 관리해야 합니다. 그 방법은 오직 말씀과 기도뿐입니다. "거룩하여짐이라"는 헬라어로 수동태입니다. 이것은 성도 자신이 스스로 거룩하게 될 수 없다는 것을 뜻합니다. 죄인은 자신을 거룩하게 할 능력이 없습니다. 그러나 성도는 거룩하다고 말할 수 있습니다. 왜냐하면 "내가 거룩하니 너희도 거룩할지어다"(레 11:45)라고 말씀하신 하나님이 성도를 거룩하게 하시기 때문입니다.

그러므로 보고, 듣고, 말하고, 판단하고, 행동하는

전인격적 영역에서 말씀과 기도로 영적 운동을 꾸준히 한다면, 반드시 하나님이 성도를 거룩하게 하시고 당신의 뜻을 이루도록 이끌어 가실 것입니다. 이렇게 말씀과 기도로 자신을 관리하며 하나님의 인도하심을 순간마다 경험하는 것이 바로 신앙생활입니다.

다음으로, 하나님의 지혜를 받은 솔로몬의 가르침을 보겠습니다.

> 모든 지킬 만한 것 중에 더욱 네 마음을 지키라 생명의 근원이 이에서 남이니라 잠 4:23

사람들은 본능적으로 욕심껏 가지려고 할 뿐만 아니라 자기 것을 남에게 빼앗기지 않으려고 합니다. 자기 재산을 지키고, 명예와 지위를 지키며, 자존심도 지키려고 노력합니다. 그런데 솔로몬은 이 모든 것보다도 더욱 지켜야 할 것이 있다고 가르칩니다. 그것은 바로 '마음'입니다.

"심보를 곱게 써라"는 말이 있을 정도로 세상 사

람들조차 마음을 중요하게 여깁니다. 그러나 솔로몬
은 세상 사람들이 말하는 차원을 넘어섭니다. 여기서
"지키라"는 단순히 자기 소유를 지켜 내는 것을 의미
하지 않습니다. 전쟁 중에 성루에 선 군사가 성을 지
키기 위해 적의 동태를 적극적으로 감시하는 것을 의
미합니다. 세상은 관계를 돈독하게 하려는 수단으로
마음을 지켜야 한다고 말하지만, 솔로몬은 하나님이
주신 생명을 누리기 위해서 마음을 지켜야 한다고 명
령합니다.

"근원"이라는 단어는 '(무엇인가 나오는) 출구'를 뜻합
니다. 솔로몬은 마음을 생명이 솟아나는 출구로 봤기
때문에, '마음을 지키는 것'이야말로 생명이 솟아나는
출구를 여는 열쇠라고 말한 것입니다. 쉼 없이 변해 가
는 인생사에서 마음을 어떻게 지켜 내느냐에 따라 생
명이 살아서 움직이는 역동적인 삶을 누릴 수도 있고,
살아 있으나 마치 죽은 것처럼 어둠과 절망의 삶을 살
수도 있습니다. 이같이 솔로몬은 생명이 마음의 상태
에 달려 있다고 밝힘으로써 마음을 지키는 일이 신앙
생활에서 대단히 중요함을 가르쳐 줍니다.

마지막으로, 성도는 하나님의 마음에 합당하게 살
도록 믿음의 삶을 살아야 합니다. 다윗의 고백을 들어
보겠습니다.

> 여호와여 내 입에 파수꾼을 세우시고 내 입술의 문을
> 지키소서 시 141:3

시편 141편에서 다윗은 악한 자들과 관계를 과감히
끊고, 의인들과 함께하며 하나님과 깊은 교제를 나누
는 삶을 간절히 간구하고 있습니다. 따라서 그의 입에
파수꾼을 세우시고, 입술의 문을 지켜 주시기를 청한
것입니다. 다윗은 왜 이런 간청을 드려야만 했을까요?
그는 자기 힘으로는 연약한 입술조차 통제할 수 없음
을 알았기 때문입니다. 감정이 이끄는 대로 너무나 쉽
게 판단하고, 정죄하는 말을 내뱉고 마는 자신의 약함
을 알았기에 "내 입에 파수꾼을 세우시고 내 입술의 문
을 지키소서" 라고 기도한 것입니다. 이처럼 겸손하고
도 진실한 모습으로 하나님의 통치를 간절히 바라며
살아가는 것이 신앙생활입니다. 신앙생활을 온전하게

오늘도 아말렉과 싸운다

한다면, 하나님이 보내신 각자의 자리는 곧 약속의 복을 누리는 가나안 땅이 될 것입니다.

그런데 문제가 있습니다. 앞서 말했듯이 우리가 하나님께 가까이 가려고 할 때마다 우리의 대적자인 아말렉이 가만히 있지 않는다는 것입니다. 따라서 하나님과 성도를 대적하고 공격하는 아말렉의 전략을 잘 안다면, 우리는 얼마든지 아말렉의 공격을 막아 내고, 승리를 쟁취할 수 있을 것입니다. 그러므로 우리는 다음과 같은 질문을 던져야 합니다.

"하나님을 불신하게 만드는 내 안의 적, 아말렉은 언제, 어떻게 나를 공격하는가?"

힘이 없을 때 공격한다

아말렉은 상대가 힘이 없다고 판단될 때 공격합니다.

곧 그들이 너를 길에서 만나 네가 피곤할 때에 네 뒤에 떨어진 약한 자들을 쳤고 하나님을 두려워하지 아니하

이스라엘 백성이 지칠 대로 지쳐 있을 때 아말렉이 공격했습니다. 공격 타이밍이 참으로 놀랍습니다. 마치 맹수가 먹잇감을 물기 위해 기회를 찾듯이 이스라엘 백성의 행군을 지켜본 듯합니다. 이스라엘 백성의 걸음에 활력이 있을 때는 가만히 지켜보고만 있다가 걸음이 느려지는 것을 보자마자 무리에서 뒤처진 가장 약한 자부터 공격한 것입니다.

하나님을 두려워하지 않는 아말렉은 하나님의 백성을 공격하고자 이처럼 호시탐탐 노리고 있습니다. 조금이라도 지친 기색을 보이면, 언제든지 가장 약한 부분부터 공격해 들어옵니다.

우리는 앞서 아말렉은 하나님을 불신했던 내 안의 '옛사람'이라는 것을 배웠습니다. 이스라엘 백성이 피곤하여 뒤처질 때 아말렉이 공격한 것처럼, 우리도 힘이 약해질 때 아말렉 같은 옛사람이 공격해 올 것입니다. 아멜렉은 우리를 조종하여 원망과 불평을 늘어놓게 만들고, 불안과 의심을 심어 주어 하나님을 불신하게 만듦으로써 결국 하나님과의 관계를 끊어 버릴 것입니다.

이스라엘 백성이 피곤해했던 이유는 무엇입니까? 광야를 걷고 있었기 때문입니다. 그들은 어떤 마음으로 이집트에서 나왔을까요? 그들은 열 가지 재앙으로 이집트를 심판하시는 하나님의 능력을 목격했습니다. 스스로 신이라 일컬으며 당대 최고의 권력을 자랑하던 이집트 왕이 하나님의 능력 앞에 굴복했다는 소식을 들었습니다. 또한 이집트를 나오면서 그동안 자신을 노예로 부리던 이집트 사람들로부터 많은 재물을 받았습니다. 그들은 기뻐하고 감격하며 이집트를 떠났을 것입니다. 그들은 행진하는 가운데 홍해를 만났지만, 마른 땅처럼 홍해를 건넜습니다. 이러한 기적들을 체험하면서 이스라엘 백성은 감히 말로 표현할 수 없는 감격을 느꼈을 것입니다.

그러나 홍해를 건넌 후, 그들 눈앞에 펼쳐진 광경을 보며 어리둥절했을 것입니다. 전혀 생각하지도, 기대하지도 않았던 상황을 만났기 때문입니다. 그들은 이집트를 벗어나기만 하면 비단길을 걸어가게 되리라 기대했을 것입니다. 하지만 현실은 광활하고 거친 광야 길이었습니다. 이처럼 하나님의 약속을 향해 가는 길은 결코 쉽지 않습니다.

잠시 눈을 감고 광야를 상상해 보십시오. 어떤 모습이 펼쳐집니까? 모래와 자갈이 가득한 곳, 그래서 더 거칠게 보이는 광야가 그려지지 않나요? 먹을거리도 마실 것도 턱없이 부족한 곳, 시원한 그늘을 찾아 그 아래에서 잠시 쉬는 것 자체가 사치처럼 여겨지는 황량한 곳, 그곳이 바로 광야입니다.

저는 이스라엘 백성이 걸어야만 했던 광야 길을 보며 우리가 사는 인생을 마주합니다. 잠깐 스쳐 지나갈 오아시스를 기대하며 생명 없는 척박한 모래밭을 걸어가듯 우리는 수없는 희비의 교차 속에 일락의 만족을 기대하며 불안한 걸음으로 인생이라는 길을 걸어갑니다. 한낮의 더위와 밤중의 추위, 누군가의 공격으로부터 자신을 보호할 수 없는 광활한 광야처럼 우리도 감당하기 어려운 세상의 공격을 홀로 온몸으로 막아 냅니다.

오늘도 아말렉과 싸운다

그런데 참으로 안타깝게도 우리는 광야 같은 인생을 살아가면서 내 힘으로 모든 것을 할 수 있다고 큰소리칩니다. 하지만 살아갈수록 할 수 있는 것보다 할 수 없는 것이 더 많다는 사실을 깨닫습니다. 눈에 보이지 않는 코로나19 바이러스조차도 우리 마음대로 통제하지 못해 두려움에 떨지 않습니까? 성경은 "주 안에서 죽는 자들은 복이 있도다 … 그들이 수고를 그치고 쉬리니"(계 14:13)라고 말함으로써 사는 것 자체가 수고이며 힘든 일임을 알려 줍니다.

이러한 세상살이에서 아말렉이 우리를 공격해 옵니다. 광야 같은 세상을 살아가는 우리를 주목하고 있다가 힘든 기색이 보이기만 하면 우리의 가장 연약한 부분을 공격해 옵니다.

예수님의 수제자로 자처했던 베드로를 보십시오. 그는 다른 제자들과는 비교도 안 되는 엄청난 열정을 가진 인물이었습니다. 열정이 얼마나 과했던지 예수님이 체포당하실 때 로마 병사들과 맞서 싸운 것도 모자라 말고라는 인물의 오른쪽 귀를 베어 버리기까지 하지 않았습니까? 아마도 베드로는 '아무도 예수님을 체포하지 못하게 만들겠어! 예수님에게 손끝 하나라도 대면 내가 가만히 있지 않을 거야!'라고 다짐했던 모양입니다.

그런데 이처럼 열정적으로 예수님을 따랐던 베드로가 예수님이 로마 병사에게 체포되어 법정으로 끌려가시자 어떻게 행동했습니까? 베드로를 알아본 여종의 말 한마디에 일순간 넘어지지 않았습니까? "너도 갈릴리 사람 예수와 함께 있었도다"(마 26:69)라는 말에 예수님을 부인하고 말았습니다. 어떻게 손바닥 뒤집듯이 말과 행동이 이렇게 쉽게 바뀝니까? 아말렉이 그를 흔들었기 때문입니다.

베드로의 모습을 조금 더 살펴봅시다.

> 베드로가 예수를 멀찍이 따라 대제사장의 집 뜰 안까지
> 들어가서 아랫사람들과 함께 앉아 불을 쬐더라 막 14:54

베드로는 법정에 끌려가시는 예수님을 따라갔습니다. 그런데 가까이 가지 않고 거리를 둔 채 멀찌감치

따라갔습니다. 바로 몇 시간 전에 무장한 로마 병사 앞에서도 두려워하지 않던 베드로입니다. 어떻게 그럴 수 있었습니까? 그때는 그가 "예수와 함께"(마 26:51) 있었기 때문입니다. 그런데 지금은 예수님을 적극적으로 따르던 모습은 온데간데없이 사라지고, 두려움에 떨며 몰래 쫓아가고 있습니다.

베드로는 예수님이 세상의 왕으로서 군림하실 것을 기대했습니다. 그런데 예수님은 도살장에 끌려가는 양처럼 묵묵히 구원의 길로 향하셨습니다. 온갖 고초를 당하는 길, 십자가에서 물과 피를 쏟는 길로 가신 것입니다. 자신의 기대와는 다른 예수님의 행보를 보며 베드로는 크게 실망했을 것입니다. 또한 로마 병사에게 조롱과 핍박을 당하시는 모습을 보며 크게 두려웠을 것입니다. 이처럼 베드로가 실망과 두려움에 사로잡혀 영적으로 약해지자 아말렉이 그 틈을 비집고 들어가 그를 공격하고 정복한 것입니다.

베드로가 예수님과 함께 있을 때는 신앙의 힘이 그를 붙잡았기에 아말렉이 공격할 수 없었습니다. 그런데 그가 주님에게서 떨어지자마자 아말렉이 그를 공

chapter 2.   아말렉, 틈새를 공격한다

격했습니다. 그래서 여종의 말 한마디에 예수님의 제자라는 소중한 정체성마저 저버리게 되었습니다.

이처럼 찰나의 순간에 아말렉이 공격하고 정복하면, 일순간에 넘어질 수밖에 없는 나약한 존재가 바로 우리입니다. 따라서 우리는 예수님과 늘 함께 있어야 합니다. 예수님과 함께 있으면 예수님이 우리의 연약함을 생명 싸개로 감싸 주십니다. 우리의 빈틈을 노리는 아말렉을 막아 주십니다.

여러분은 예수님과 동행하며 살아가고 있습니까? 생각하는 것, 보는 것, 판단하고 행동하는 것, 그 외 모든 순간에도 예수님과 동행하고 있습니까? 아니면 세상의 시선을 너무나 의식한 나머지 예수님과 거리두기를 하고 있지 않습니까? 죄로 물든 감정과 생각이 나를 주관하도록 방치하고 있지 않습니까?

신앙생활을 하면서 착각하는 것 중 하나는 '예수님을 믿으면 나의 옛사람은 완전히 사라지고, 곧바로 천사처럼 될 것'이라는 생각입니다. 물론, 성경은 구원받은 성도가 천사보다도 더 뛰어난 존재임을 가르칩니

오늘도 아말렉과 싸운다

다(히 1:14). 그러나 동시에 성도는 영화롭게 되는 마지막 순간을 위해 반드시 거룩해지는 성화의 삶을 거쳐야 한다고도 가르칩니다. 흙을 곱게 갈아 모양에 맞게 다듬고 빚어 뜨거운 불에 구워야만 아름다운 도자기가 만들어지듯이 성도도 하나님의 은혜로 곱게 다듬어지고 빚어지며 연단 받아야만 영광의 자리로 들어갈 수 있습니다. 그러므로 성도는 영화로운 순간에 이를 때까지 이 땅에서 거룩한 삶을 살아감과 동시에 자기의 옛사람이 언제든지 드러날 수 있다는 것을 잊지 말아야 합니다. 영적으로 나태해지고 게을러져서 힘이 없어지면 언제든지 옛사람이 나를 넘어뜨릴 수 있다는 사실을 기억해야 합니다.

바울의 고백에 다시 귀를 기울여 봅시다.

우리 주 예수 그리스도로 말미암아 하나님께 감사하리로다 그런즉 내 자신이 마음으로는 하나님의 법을 육신으로는 죄의 법을 섬기노라 롬 7:25

바울은 자기 안에 하나님의 사람으로서 온전히 살

아가고자 하는 모습과 함께 그렇게 살지 못하도록 붙잡고 흔드는 또 다른 모습이 있음을 고백합니다. 그가 이런 고백을 하는 이유는 무엇일까요? 그 안에 있는 옛사람 아말렉이 언제든지 그를 죄의 길로 끌고 갈 수 있기 때문입니다.

그러므로 우리는 오직 예수님과 동행하며 그분의 능력을 의지해야 합니다. 세상이 전부인 듯이 살지 마십시오. 우리의 생각과 재능과 시간과 에너지를 전부 세상 성공을 위해 쏟지 마십시오. 세상일에 모든 것을 쏟아부으면 내 안에 힘이 없어집니다. 그래서 아말렉이 공격해 올 때 맞서 싸울 힘조차 없어집니다. 주님과의 동행에 우선순위를 두지 않는다면, 아말렉이 우리를 보고 있다가 힘이 없을 때 언제든지 공격해 올 것입니다.

다윗이 왜 우리아의 아내 밧세바를 범했습니까? 전쟁의 현장에서 마땅히 선봉의 자리에 있어야 할 왕이 왕궁에 있었기 때문입니다. 하나님이 세우신 왕의 책임을 잊고, 왕궁에서 잠을 자다가 순간의 정욕을 이기지 못했기 때문에 죄를 짓게 된 것입니다.

오늘도 아말렉과 싸운다

용수철을 발로 힘 있게 밟으면 튀어 오르지 않고 꾹 눌려 있습니다. 그러다가 누르는 힘이 약해지거나 잘 못 눌러 삐끗하면 한순간에 튀어 오릅니다. 가만히 있을 때보다 더 높이 튀어 오릅니다. 꾹 눌려 있었기 때문에 탄성을 받아 더욱 높이 튀어 오르는 것입니다. 아말렉도 이와 마찬가지입니다. 아말렉도 용수철과 같습니다. 누르는 힘이 있으면 엎드려 있습니다. 그러나 누르는 힘이 약해지면 곧바로 공격해 옵니다. 문제는 아말렉에게는 엄청난 죄의 탄성이 있다는 것입니다. 우리 힘으로는 도저히 누를 수 없는 힘이 있습니다.

따라서 우리는 예수님을 의지해야만 합니다. 비록 우리 자신은 힘이 없지만, 우리 주님은 능력 있으신 분입니다. 그분의 능력으로 아말렉을 누르십시오. 말씀과 기도, 찬양과 예배, 전도와 교제를 통해 주의 손을 의지하여 아말렉을 눌러 버리십시오.

은혜를 망각할 때 공격한다

아말렉은 하나님이 베푸신 은혜를 망각하고 있을 때 공격합니다. 앞서 아말렉은 초청받지 않아도 찾아오는 불청객 같은 존재라고 말했습니다. 나의 의지와 상관없이, 내 동의도 구하지 않고 찾아옵니다. 그래서 우리는 아말렉과 자주 마주칩니다. 나도 모르게 모난 성격을 드러내고, 거친 말과 행동으로 다른 사람에게 쉽게 상처를 줍니다. 이렇게 살지 않겠노라고 수없이 결단하지만, 늘 제자리를 맴돌 뿐입니다. 그런 자신의 모습을 보고 실망하여 '난 틀렸어. 구제 불능이야'라며 스스로 정죄하기도 합니다. 모두 아말렉의 공격입니다.

앞에서도 언급했지만, 아말렉 전쟁의 배경을 좀더 자세히 살펴보겠습니다. 출애굽기 17장 8절을 보겠습니다.

그때에 아말렉이 와서 이스라엘과 르비딤에서 싸우니라

모세는 이스라엘 백성에게 "그때"를 주목하라고 말

오늘도 아말렉과 싸운다

합니다. 르비딤에서 아말렉과 싸우던 때를 기억하라는 것입니다. 그때, 르비딤에서 무슨 일이 일어났습니까?

> 이스라엘 자손의 온 회중이 여호와의 명령대로 신 광야에서 떠나 그 노정대로 행하여 르비딤에 장막을 쳤으나 백성이 마실 물이 없는지라 백성이 모세와 다투어 이르되 우리에게 물을 주어 마시게 하라 모세가 그들에게 이르되 너희가 어찌하여 나와 다투느냐 너희가 어찌하여 여호와를 시험하느냐 거기서 백성이 목이 말라 물을 찾으매 그들이 모세에게 대하여 원망하여 이르되 당신이 어찌하여 우리를 애굽에서 인도해 내어서 우리와 우리 자녀와 우리 가축이 목말라 죽게 하느냐 출 17:1-3

이집트에서 나온 이스라엘 백성이 "여호와의 명령대로 신 광야에서 떠나 그 노정대로 행하여" 갔습니다. 메마른 곳을 걸어가자 그들은 곧 갈증을 느꼈습니다. 목이 마른 백성은 물을 찾았습니다. 그러나 광야에서 물을 구하기가 쉽지 않았습니다. 그래서 모세에게 물을 달라고 요구합니다. 백성의 요구는 단순한 요청이 아니었던 것 같습니다. 모세와 다투고, 그를 원망할 정도로 격하게 요구한 것입니다. 백성과 분쟁이 일어나자 모세가 하나님께 기도합니다.

> 모세가 여호와께 부르짖어 이르되 내가 이 백성에게 어떻게 하리이까 그들이 조금 있으면 내게 돌을 던지겠나이다 출 17:4

하나님이 그의 기도를 들어주셨습니다. 호렙산에 있는 한 반석에서 물이 솟아나게 하셔서 백성의 갈증을 해결해 주셨습니다. 백성의 요구를 만족스럽게 충족시키신 것입니다. 광활한 광야 르비딤에서 백성의 갈증을 해갈할 물이 솟아났기에 그곳을 가히 기적의 현장이라 불러도 어색하지 않을 것입니다. 그런데 성경은 르비딤을 기적의 현장으로 부르지 않습니다. 오히려 '다툼의 장소'로 부릅니다.

> 그가 그곳 이름을 맛사 또는 므리바라 불렀으니 이는 이스라엘 자손이 다투었음이요 또는 그들이 여호와를

오늘도 아말렉과 싸운다

시험하여 이르기를 여호와께서 우리 중에 계신가 안 계
신가 하였음이더라 출 17:7

"맛사"는 '시험', "므리바"는 '불신, 의심'을 뜻합니
다. 성경은 우리에게 기적의 현장이라도 언제든지 다
툼과 불신, 시험의 장소로 변할 수 있다고 가르칩니다.
참으로 안타깝지 않습니까? 어쩌다가 기적의 장소가
다툼의 장소로 변할 걸까요? 하나님의 능력이 부족해
서 그렇습니까? 백성이 경험한 기적이 특별하지 않아
서 그런 걸까요? 아닙니다. 다른 이유가 있기 때문입
니다. 그 이유는 무엇입니까?

광야 길을 걸어가고 있는 이스라엘 백성을 다시 주
목하겠습니다. 이들은 오랫동안 종노릇했던 이집트를
떠날 때 기적을 베푸신 하나님의 능력을 이미 맛보았
습니다. 또한 광야 생활을 하면서 하늘에서 내린 만나
와 메추라기를 통해 공급하시는 하나님의 손길도 체
험했습니다. 오늘날 우리가 볼 때, 부러울 정도로 기적
이 일상인 삶을 살았습니다. 하나님의 기적을 누리는

간증의 주인공들로 광야 길을 걸었던 것입니다.

그런데 이스라엘 백성의 광야 생활을 살펴보면 한 가지 눈에 띄는 점이 있습니다. 그들이 르비딤에서의 기적을 체험하기 전, 똑같은 기적을 이미 체험했었다는 사실입니다. 마실 물이 없어 괴로워하던 이스라엘 백성의 목마름을 하나님이 해결해 주신 기적을 이미 한 번 체험한 바 있었습니다.

모세가 홍해에서 이스라엘을 인도하매 그들이 나와서 수르 광야로 들어가서 거기서 사흘 길을 걸었으나 물을 얻지 못하고 마라에 이르렀더니 그곳 물이 써서 마시지 못하겠으므로 그 이름을 마라라 하였더라 백성이 모세에게 원망하여 이르되 우리가 무엇을 마실까 하매 모세가 여호와께 부르짖었더니 여호와께서 그에게 한 나무를 가리키시니 그가 물에 던지니 물이 달게 되었더라 거기서 여호와께서 그들을 위하여 법도와 율례를 정하시고 그들을 시험하실새 이르시되 너희가 너희 하나님 나 여호와의 말을 들어 순종하고 내가 보기에 의를 행하며 내 계명에 귀를 기울이며 내 모든 규례를 지키면

오늘도 아말렉과 싸운다

내가 애굽 사람에게 내린 모든 질병 중 하나도 너희에
게 내리지 아니하리니 나는 너희를 치료하는 여호와임
이라 출 15:22-26

이스라엘 백성이 시내 광야를 걷다가 마실 물을 얻
지 못해 괴로워하며 '마라'라는 곳에 도착합니다. 그런
데 마라에는 도저히 마실 수 없는 쓴 물밖에 없었습니
다. 그래서 하나님이 기적을 베풀어 쓴 물을 단물로 바
꿔 주셨습니다. 이로 인해 그들의 목마름이 해결되었
습니다. 이스라엘 백성이 단물로 바뀐 물을 마시며 얼
마나 감격했던지 일제히 "치료하는 여호와"를 고백하
였습니다. 이처럼 이스라엘 백성은 기적을 베푸시는
하나님의 능력을 맛보고 함께 하나님의 일하심을 고
백한 바 있습니다. 그런데 얼마 지나지 않아 똑같은 상
황이 펼쳐지자 마실 물이 없다고 모세를 원망하고 하
나님을 시험한 것입니다.

이스라엘 백성이 이렇게 반응한 이유는 무엇입니
까? 하나님의 은혜를 망각했기 때문입니다. 지금까지
베풀어 주신 하나님의 은혜가 자격 없는 자들에게 주

시는 하나님의 놀라운 선물이라는 사실을 망각했기 때문입니다. 이스라엘 백성이 이집트에서 나올 때, 그들은 하나님의 기적을 두 눈으로 똑똑히 목격하고 감격하며 감사했을 것입니다. 그런데 광야를 지나는 동안에 하나님이 베푸시는 기적이 일상이 되자 이를 당연한 것으로 여기게 된 것입니다.

우리는 공기가 있기에 호흡하며 살아갑니다. 그러나 공기가 흔하다고 생각하기에 그 소중함을 너무나 쉽게 망각합니다. 이처럼 하나님이 베푸신 기적이 너무나 소중함에도 불구하고, 그것이 일상이 되다 보니 그 은혜를 망각하게 된 것입니다. 은혜를 망각하면 가장 먼저 감사가 사라집니다. 그리고 작은 시험에도 원망하고, 불평하게 됩니다. 이스라엘 백성은 하나님이 세우신 모세의 영적 권위를 인정하지 않고 다투었습니다. 그들의 이러한 태도는 하나님을 향한 도전이었습니다. 바로 "그때에"(출 17:8) 아말렉이 이스라엘을 공격해 온 것입니다.

그렇다면 아말렉의 공격을 사전에 막을 수는 없을

오늘도 아말렉과 싸운다

까요? 어떻게 하면 막을 수 있을까요? 먼저, 하나님의 은혜를 기억해야 합니다. 가나안 입성을 앞둔 이스라엘 백성에게 모세가 하나님의 명령을 다시 선포한 신명기를 보면, "기억하라"는 명령이 유독 강조되고 있음을 볼 수 있습니다. 신명기 전체 내용은 크게 "기억하라"와 "잊지 말라"는 명령으로 나눌 수 있습니다. 모세는 신명기를 통해 이스라엘 백성에게 기억할 것을 강조함과 동시에 장차 약속의 땅을 누리게 될 이스라엘 백성이 하나님의 계명과 약속을, 그분의 역사하심을 잊지 않고 기억하기를 소망했습니다.

> 지금까지 지내온 것 주의 크신 은혜라
> 한이 없는 주의 사랑 어찌 이루 말하랴
> 자나 깨나 주의 손이 항상 살펴 주시고
> 모든 일을 주 안에서 형통하게 하시네
> _〈지금까지 지내온 것〉(찬송가 301장)

온 우주의 주인이신 하나님이 우리를 사랑하십니다. 우리에게 구원을 베푸시고, 자격 없는 우리를 하나님의 백성으로 삼아 주셨습니다. 그러므로 우리가 하나님의 은혜를 기억한다면 자발적으로 하나님을 향해 감사를 고백하게 될 것입니다.

오늘날 미국에서 가장 혁신적이고 영향력 있는 교회로 꼽히는 노스코스트교회(North Coast Church)에서 목회하고 있는 래리 오스본(Larry Osborne) 목사는 "영적 건망증을 줄이는 좋은 비결은 하나님이 하신 모든 일에 수시로 감사하는 것이다"라고 말했습니다. 만일 감사 대신 원망과 불평이 자리 잡고, 매사에 뭔가 못마땅하다면 은혜가 우리 의식 속에서 사라지고 있다는 증거입니다.

성경은 하나님의 은혜를 망각하는 것을 경계합니다. 그래서 교회에서 일꾼을 세울 때, 하나님의 은혜를 모르면 세우지 않도록 명령합니다. 하나님의 은혜를 망각하면 교만해지고, 이로 인해 공동체가 힘들어지기 때문입니다.

디모데전서 3장 6절을 보면 교회 집사를 세우는 일에 바울이 이렇게 가르칩니다.

오늘도 아말렉과 싸운다

새로 입교한 자도 말지니 교만하여져서 마귀를 정죄하
는 그 정죄에 빠질까 함이요

새로 입교한 자는 아직 신앙이 약하고, 하나님의 은
혜를 깊이 누리지 못했으므로 교만해질 위험이 있으
니 공동체를 섬기는 일꾼으로 세우지 말라고 가르칩
니다. 이처럼 성경은 하나님의 은혜를 기억하는 것이
얼마나 소중한지 우리에게 가르쳐 줍니다.

하나님은 이스라엘 백성이 끊임없이 자기에게 베푸
신 은혜를 기억하며 살아가기를 원하셨습니다. 하나
님은 이스라엘 백성이 가나안으로 들어가기 위해 요
단강을 건널 때, 그곳에 기념비를 세울 것을 명령하십
니다. 왜 기념비를 세우도록 하셨을까요? 시간이 흘러
하나님의 기적을 체험한 세대가 세상을 떠나고, 그 땅
에서 하나님의 기적을 알지 못하는 후손이 살아갈 때,
조상이 세운 기념비를 보며 그들을 이끄신 하나님이
곧 오늘을 살아가는 우리의 하나님이심을 기억하기
위함입니다.

개인적으로 지난날의 삶을 반추할 때가 자주 있습니다. 그때마다 제 입에선 "하나님의 은혜, 감사합니다"라는 고백이 나옵니다. 하나님의 은혜를 절대로 망각하지 마십시오. 하나님의 은혜를 망각하면 교만해집니다. 입술로는 하나님이 주인이시라고 고백하지만, 나도 모르게 내가 주인이 되어 버리고 맙니다.

하나님은 이 시간에도 변함없이 우리를 기억하고 계십니다. 그러므로 우리는 하나님의 은혜를 망각하지 않고 그 신실하심에 기대어 살아가야 합니다. 우리가 하나님의 은혜를 기억하는 한, 아말렉은 결코 우리를 공격하지 못할 것입니다.

하나님의 주권을 불신할 때 공격한다

아말렉은 우리가 하나님의 주권을 불신할 때 공격합니다. 이스라엘 백성이 물 때문에 모세와 다투었던 르비딤으로 다시 가보겠습니다. 출애굽기 17장 2절입니다.

오늘도 아말렉과 싸운다

백성이 모세와 다투어 이르되 우리에게 물을 주어 마시
게 하라 모세가 그들에게 이르되 너희가 어찌하여 나와
다투느냐 너희가 어찌하여 여호와를 시험하느냐

갈등이 심한 백성이 모세에게 물을 내놓으라고 아
우성칩니다. 이에 모세는 "왜 나를 원망하며 왜 하나
님을 시험하느냐?"라고 반문합니다. '하나님을 시험한
다'는 것은 무엇일까요?

거기서 백성이 목이 말라 물을 찾으매 그들이 모세에
게 대하여 원망하여 이르되 당신이 어찌하여 우리를 애
굽에서 인도해 내어서 우리와 우리 자녀와 우리 가축이
목말라 죽게 하느냐 출 17:3

백성이 물을 마시지 못한 이유가 무엇이라고 말합
니까? 그들은 모세가 이스라엘 백성을 이집트에서
이끌어 냈기 때문이라고 말합니다. 모세 때문에 광야
에 나와 목마름으로 죽게 될 처지에 놓였다고 울분을
쏟아 내고 있는 것입니다. 백성은 이때만 부르짖었던

게 아닙니다. 그들이 이집트에서 노예 생활을 하던 때에도 부르짖곤 했습니다.

> 여러 해 후에 애굽 왕은 죽었고 이스라엘 자손은 고된 노동으로 말미암아 탄식하며 부르짖으니 그 고된 노동으로 말미암아 부르짖는 소리가 하나님께 상달된지라 하나님이 그들의 고통 소리를 들으시고 하나님이 아브라함과 이삭과 야곱에게 세운 그의 언약을 기억하사 하나님이 이스라엘 자손을 돌보셨고 하나님이 그들을 기억하셨더라 출 2:23-25

여기서 '탄식하다'란 '가련함으로 신음하다'라는 뜻입니다. 바로가 이스라엘 백성을 가혹하게 압제하자 이를 견디지 못하고 하나님 앞에서 자신의 가련한 처지를 비관하며 신음했던 것입니다. 그들은 "하나님! 제발 우리를 살려 주십시오!" 하고 부르짖었습니다.

하나님은 백성의 부르짖음을 들으셨습니다. 그래서 그들을 구원하기 위해 모세를 택하여 세우신 것입니다.

이제 내가 너를 바로에게 보내어 너에게 내 백성 이스라엘 자손을 애굽에서 인도하여 내게 하리라 출 3:10

오해하지 말아야 할 것은 백성이 하나님께 부르짖었기 때문에 구원받은 것이 아니라는 사실입니다. 이스라엘 백성이 이집트에서 나올 수 있었던 것은 모세의 의지가 아닌 하나님의 의지 덕분이었습니다. 물론, 하나님은 백성의 간구에 응답하셨습니다. 그러나 그들이 부르짖기 전부터 하나님은 당신의 선하신 계획에 따라 이스라엘 백성을 구원하시려는 계획을 먼저 세우셨습니다. 이처럼 이스라엘 백성을 구원하기 위한 하나님의 계획이 먼저 있었고, 백성이 구원받기 위해 하나님께 부르짖었기 때문에, 하나님이 그들의 소원에 따라 구원 계획을 시행하신 것입니다.

하나님은 택하신 자기 백성을 사랑하시는 분입니다. 그래서 가장 합당한 방법으로 그들을 다스리십니다. 때로는 확실한 응답으로, 때로는 긴 침묵으로, 때로는 새로운 길을 보이시며 그들을 인도하십니다. 이스라엘 백성은 하나님께 어떻게 반응하면 될까요? 하

chapter 2. 아말렉, 틈새를 공격한다

나님의 주권을 전적으로 신뢰하면 됩니다. 그분의 계획을 믿으면 됩니다. 하나님의 뜻에 따라 순종의 발걸음을 내딛기만 하면 됩니다.

이스라엘 백성은 하나님이 베푸신 기적들을 다 보고 체험했습니다. 그래서 기뻐하고 감격했습니다. 그러나 이 모든 것이 하나님의 주권으로 이루어진 것이라는 사실을 깨닫지 못했습니다. 하나님의 선하신 계획에 따라 그의 능력 안에서 하루하루 광야의 삶이 기적이 되어 간다는 사실을 이해하지 못한 것입니다. 그들 앞에 구름 기둥, 불기둥이 앞서가는 것을 보며 이스라엘 백성은 놀랐을 것입니다. 매일 만나와 메추라기가 하늘에서 내리는 것을 보며 기적이라고 말했을 것입니다. 각자 준비해 온 바구니에 만나와 메추라기를 담으며 "대박! 대박!" 하고 외쳤을 것입니다. 홍해를 마른 땅처럼 건널 때도 마찬가지였을 것입니다. 홍해가 벽이 되어 갈라졌을 때, 그들은 눈을 휘둥그레 뜨고 큰 목소리로 "대박이다!" 외쳤을 것입니다.

그러나 이스라엘 백성은 기적을 체험할 때마다 하나님의 능력이 아니라 깜짝 놀랄 만한 한 가지 체험 정

　　　　　　　　　오늘도 아말렉과 싸운다

도로만 여겼습니다. 이처럼 이스라엘 백성이 그들을
이끄시는 하나님의 주권을 인정하지 않게 되자 아말
렉이 공격해 온 것입니다.

아말렉은 가만히 들어와 우리를 교만하게 만듭니
다. 마치 자신이 무엇이든 다할 수 있는 사람이 된 것
처럼 착각하게 만듭니다. 그래서 해야 할 것과 하지 말
아야 할 것을 분별하지 못하게 만듭니다. 그렇기에 내
계획이 이뤄지지 않을 때 인내하지 못하고 쉽게 원망
과 불평을 하게 되는 것입니다.

그런데 이것보다 더 심각한 문제가 있습니다. 바로
하나님의 주권을 불신하게 되면, 하나님이 친히 그들
이 젖과 꿀이 흐르는 가나안 땅으로 들어가지 못하도
록 막아 버리신다는 사실입니다. 출애굽기 17장의 사
건을 배경으로 하는 민수기 20장 8절을 보겠습니다.

지팡이를 가지고 네 형 아론과 함께 회중을 모으고 그
들의 목전에서 너희는 반석에게 명령하여 물을 내라 하
라 네가 그 반석이 물을 내게 하여 회중과 그들의 짐승
에게 마시게 할지니라

이스라엘 백성이 마실 물을 구하며 원망하고 탄식할 때, 하나님은 모세에게 반석에서 물을 내도록 명령하셨습니다. 하나님의 명령을 들은 모세는 순종하기만 하면 됩니다. 그런데 모세가 불순종합니다. 성경은 그이유에 대해 침묵하고 있지만, 아마도 백성과 다투는 과정에서 무엇인가 마음이 틀어졌던 것 같습니다. 순간적으로 아말렉이 모세를 뒤흔든 것입니다.

> 모세와 아론이 회중을 그 반석 앞에 모으고 모세가 그들에게 이르되 반역한 너희여 들으라 우리가 너희를 위하여 이 반석에서 물을 내랴 하고 모세가 그의 손을 들어 그의 지팡이로 반석을 두 번 치니 물이 많이 솟아나오므로 회중과 그들의 짐승이 마시니라 민 20:10-11

하나님을 시험하며 자신과 다투는 이스라엘 백성에게 모세는 화가 단단히 난 듯합니다. 모세는 이스라엘 백성을 '반역자'라고 칭하며 비아냥거리듯 말하기도 합니다. 그래서 반석을 향해 명령만 해도 될 것을 굳이 지팡이를 들어 반석을 두 번씩이나 쳤습니다. 모세의

　오늘도 아말렉과 싸운다

감정을 실은 것입니다. 그래서 물이 솟아나 백성의 목마름을 해갈하긴 합니다. 그런데 아말렉의 공격에 흔들린 모세의 불순종을 보며 하나님이 이렇게 답하십니다.

> 여호와께서 모세와 아론에게 이르시되 너희가 나를 믿지 아니하고 이스라엘 자손의 목전에서 내 거룩함을 나타내지 아니한 고로 너희는 이 회중을 내가 그들에게 준 땅으로 인도하여 들이지 못하리라 하시니라 민 20:12

감정을 절제하지 못한 나머지 하나님의 뜻에 불순종한 모세의 행동에 대해 하나님은 그가 '거룩함을 나타내지 않았다'고 말씀하십니다. 물이 솟아나서 백성의 목마름을 해갈하긴 했지만, 정작 하나님의 관심은 백성이 물을 마셨는지 안 마셨는지에 있지 않았습니다. 오직 하나님의 관심은 '그들이 당신의 뜻을 믿고 순종했느냐, 불순종했느냐?'에 있었습니다. 왜냐하면 하나님은 자기 백성이 하나님의 계획을 신뢰하고 신실하게 순종하기를 원하셨기 때문입니다. 따라서 하나

chapter 2.   아말렉, 틈새를 공격한다

님의 계획에 불순종한 모세를 어떻게 심판하십니까?

"내가 그들에게 준 땅으로 인도하여 들이지 못하리라"

이스라엘 백성이 광야 길을 걸어가는 이유는 약속의 땅 가나안에 가기 위함인데 정작 모세는 그곳에 갈수 없게 된 것입니다. 엄청난 비극 아닙니까? 결국, 모세는 이방 땅 모압에 있는 비스가산 꼭대기에서 요단강 건너편에 펼쳐진 가나안 땅을 바라만 보고 그곳에서 인생의 마침표를 찍습니다. 모세가 이스라엘 백성을 가나안 땅으로 이끌기 위해 얼마나 많은 고생을 했습니까? 힘겹게 모압평지까지 인도한 후 이제 요단강만 건너면 되는데, 하나님이 "모세야, 수고했다. 이제 그만해도 된다"고 말씀하신다면, 모세의 마음이 얼마나 상할까요? 모세도 가나안 땅을 거닐며 하나님의 약속을 풍성히 누리려는 마음이 있지 않았을까요? 그러나 모세는 가나안에 들어갈 수 없었습니다. 하나님의 명령에 불순종했기 때문입니다.

모세만 그랬을까요? 민수기 26장 65절을 보겠습니다.

오늘도 아말렉과 싸운다

이는 여호와께서 그들에게 대하여 말씀하시기를 그들이 반드시 광야에서 죽으리라 하셨음이라 이러므로 여분네의 아들 갈렙과 눈의 아들 여호수아 외에는 한 사람도 남지 아니하였더라

하나님은 가나안 정탐의 성공 여부에 관심을 두지 않으셨습니다. 가나안 땅을 정탐하고 온 정탐꾼들의 보고에 관심을 두셨습니다. 그리고 이들의 보고에 따라 판단하셨습니다. 하나님의 계획을 불신하고 자신의 약함만을 바라본 정탐꾼들과 이스라엘 백성은 가나안 땅에 들어갈 수 없었습니다. 그러나 자신의 한계를 주목하지 않고 하나님의 계획만을 믿고 신뢰한 갈렙과 여호수아만이 출애굽 2세대와 함께 가나안 땅에 들어갈 수 있었습니다.

신앙의 발걸음을 내디디며 세상 속에서 살아갈 때 성도는 하나님의 계획과 주권을 신뢰해야 합니다. 만일 그렇지 못하면 하나님의 약속을 누리지 못할 것입니다. 하나님을 불신하게 되면 아말렉이 즉시 우리를 공격해 광야 같은 척박한 세상에서 전전긍긍하다 의

chapter 2.   아말렉, 틈새를 공격한다

미 없는 죽음으로 몰고 갈 것입니다. 가나안 땅에서만 누릴 수 있는 젖과 꿀을 빼앗아 갈 것입니다.

그러므로 아말렉의 공격 전략을 이해하고 기억하십시오. 그리고 아말렉이 틈타지 못하도록 자신을 올곧게 믿음으로 세우십시오.

오늘도 아말렉과 싸운다

묵상하기

✎ 나를 무기력하게 만드는 것(타인의 말과 행동, 어떤 특징적인 상황 등)은 무엇입니까?

✎ 하나님의 일하심을 끝까지 신뢰하지 못해 실패를 경험한 적이 있습니까?
왜 의심했습니까?

✎ 지금까지 나의 삶을 인도하신 하나님의 은혜를 생각해 봅시다.

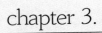

chapter 3.

아말렉, 기억에서 지워라

어떻게 아말렉을 지울 수 있는가?

에스겔 37장을 보면, 하나님이 에스겔 선지자를 골짜기로 이끄는 장면이 기록되어 있습니다. 선지자는 하나님의 명령에 따라 골짜기 구석구석을 다닙니다. 그는 거기서 흩어진 뼈들을 봤습니다. 뼈가 얼마나 많고 심하게 말랐던지 "그 골짜기 지면에 뼈가 심히 많고 아주 말랐더라"(겔 37:2)고 말씀합니다. 마른 뼈가 사방에 흩어져 있었기 때문에 걸음을 하나씩 뗄 때마다 바스락거리는 소리가 났을 것입니다. 물기 하나 없이 말라 버린 뼈들은 작은 힘에도 가루가 되어 날렸을 것입니다. 몸무게를 이기지 못해 으스러지는 뼈들이 느껴질 때마다 에스겔은 '어서 이 자리를 피하고 싶다'고 생각했겠지요.

오늘도 아말렉과 싸운다

에스겔이 본 마른 뼈는 이스라엘의 모습을 상징합니다. 죄로 인해 하나님의 약속을 잊어버린 이스라엘 백성은 세상에 휘둘려 좌절과 절망 속에 살게 되었습니다. 마치 살아날 가능성이 전혀 없는 골짜기에 버려진 마른 뼈처럼 말입니다. 뼈가 심히 마른 것을 보면, 그 골짜기는 아무도 찾지 않는 버려진 곳이었음이 틀림없습니다. 이처럼 마른 뼈가 즐비한 골짜기는 절망과 고통의 상징이었고, 하나님의 백성이라는 이스라엘의 정체성에 큰 상처를 입힌 장소였습니다.

아말렉이라는 이름은 놀랍게도 '골짜기에 사는 자'라는 뜻입니다. 조금 의역하면 '약탈자'라고 표현할 수 있습니다. 이스라엘 백성에게 가만히 들어와 약한 부분을 뒤흔들며 그들에게 수치를 주는 존재가 바로 아말렉이라는 것입니다. 아말렉은 골짜기에 거주하면서 이스라엘 백성이 하나님을 사랑하는 마음이 식어지려고 할 때, 빈틈을 노리고 공격합니다. 꿈을 약탈하고, 희망을 거둬 갑니다. 절망과 고통을 가중시킵니다. 이처럼 아말렉은 하나님의 백성에게 아주 못된 세력, 악한 존재라고 말할 수 있습니다.

chapter 3. 아말렉, 기억에서 지워라

우리는 이미 아말렉의 존재에 대해 배웠습니다. 골짜기에 사는 아말렉은 이스라엘 백성을 압제하는 세력입니다. 이스라엘 백성이 파종할 때면 어김없이 쳐들어와 쑥대밭으로 만들어 버립니다. 하나님이 주시는 복을 가로챕니다. 더 나아가 하나님과의 관계를 깨뜨립니다.

그런데 여기서 아말렉에 대해 한 가지 더 알아야 할 것이 있습니다. 성경을 보면 아말렉이 구체적으로 어디에 거주하고 있는지 분명하게 기록되어 있지 않다는 것입니다. 마치 바람처럼 왔다 가는 나그네와 같이 아말렉은 어느 특정 지역에 거주하지 않습니다.

이에 대해 구약학자 앙드레 라콕(Andre LaCocque)은 다음과 같이 말합니다.

"아말렉은 언제 어디서나 만나게 되는 원수를 상징한다. 아말렉은 언제든지 우리에게 원수로 다가오고, 어디서든지 이 아말렉은 우리를 고통스럽게 하며, 우리를 절망에 빠뜨리는 골짜기에 사는 자로 우리 곁에 있다."

그래서 앞서 아말렉의 존재를 '이스라엘 백성의 목

에 걸린 가시'에 비유했던 것입니다. 아무리 빼내려고
해도 쉽게 빠지지 않는 목에 걸린 가시처럼 아말렉은
이스라엘 백성을 순간순간 괴롭혔습니다. 아무리 진수
성찬이 놓여 있어도 목에 가시가 걸려 있다면 단지 그
림의 떡인 것처럼 하나님이 택한 백성에게 복을 주시
려고 해도 아말렉이 흔들고 있다면 복을 누릴 수 없을
것입니다. 따라서 하나님은 이스라엘 백성이 가나안
땅에 입성하게 될 때 목에 걸린 가시 같은 아말렉을 뽑
으라고 명령하시는 것입니다.

신명기 25장 19절을 기억하십시오.

> 그러므로 네 하나님 여호와께서 네게 기업으로 주어 차
> 지하게 하시는 땅에서 네 하나님 여호와께서 사방에 있
> 는 모든 적군으로부터 네게 안식을 주실 때에 너는 천
> 하에서 아말렉에 대한 기억을 지워 버리라 너는 잊지
> 말지니라

모세가 명령한 "너는 천하에서 아말렉에 대한 기억
을 지워 버리라"는 구절을 개역한글에서 찾아보면 "너

는 아말렉의 이름을 천하에서 도말할찌니라"입니다. '도말하다'라는 표현은 '지워 버리다'와 같은 의미인데, 어감이 더 강하게 느껴집니다. 이 의미를 조금 더 이해하기 위해 영어 성경(NIV)으로 보겠습니다.

> When the LORD your God gives you rest from all the enemies around you in the land he is giving you to possess as an inheritance, you shall blot out the memory of Amalek from under heaven. Do not forget!

'지워 버리다'를 'blot out'이라고 표현합니다. 'blot'은 '얼룩, 흔적, 오점' 등을 가리킵니다. 직역하면 어떻게 표현할 수 있을까요? '너희에게 감추고 싶고, 더 이상 들춰내고 싶지 않은 얼룩과 오점, 아픔의 흔적을 주는 아말렉을 네 삶에서 몰아내라'입니다. 이것은 단순한 권면이 아닙니다. '너는 아말렉에 대한 기억을 반드시 지워야 한다!'(You shell blot out the memory of Amalek!)는 강력한 명령입니다.

오늘도 아말렉과 싸운다

어떻게 하면 우리 삶 속에서 아말렉에 대한 기억을
지울 수 있을까요?

과거 삶의 쓴 뿌리와 작별하라

아말렉을 지우라는 명령은 "과거와의 작별"을 선언
하는 것입니다. 지금까지 아말렉과 관계 맺었던 모든
것들과 단절하고 작별하라는 의미입니다. 모세가 말하
는 작별은 단순한 헤어짐이 아닙니다. 모세가 말하는
작별을 이해하기 위해 반드시 전제할 것이 있습니다.

> 너희는 애굽에서 나오는 길에 아말렉이 네게 행한 일을
> 기억하라 신 25:17

모세는 이스라엘 백성에게 이전에 아말렉이 행한
일을 상기시킵니다. 여기서 말하는 아말렉이 행한 일
이란 이스라엘 백성을 공격하여 어려움에 처하게 했
던 과거의 경험과 시간을 말합니다. 이스라엘 백성의
입장에서 보면 지난날 아말렉으로 인한 경험과 시간

chapter 3.　　아말렉, 기억에서 지워라

은 다시 꺼내고 싶지 않은 기억일 것입니다. 아말렉 때문에 고통당했기 때문입니다. 따라서 이스라엘 백성에게 아말렉이라는 존재는 늘 불안하게 만드는 두려움과 공포였고, 미움과 분노, 증오의 대상이었습니다.

그러나 이스라엘 백성에게도 문제가 있었습니다. 아말렉에게 공격받을 빌미를 제공했기 때문입니다. 백성은 하나님의 은혜를 잊어버리고 원망하고 불평하며 하나님 앞에 신실한 모습으로 서지 못했습니다. 그러므로 이스라엘 백성이 지난날의 모습을 상기할 때 아말렉의 거센 공격과 함께 그들의 수치와 부끄러운 모습이 동시에 생각났을 것입니다.

아말렉은 이스라엘 백성에게 두려움을 주는 단순한 존재가 아니었습니다. 덮어 두려고 했던 지난날의 수치를 생각나게 만들어 얼룩과 오점으로 물든 민낯을 직면하게 하는 존재였습니다. 그러므로 아말렉에 대한 기억은 과거의 시간에 경험한 것들이라 말할 수 있습니다.

어떤 사고로 깊은 상처가 나면 그것이 아물어도 몸에 흔적으로 남게 됩니다. 흔적으로 남은 상처를 보면 상처입었던 그때가 떠오릅니다. '내가 이렇게만 하지 않았더라면 사고가 나지 않았을 텐데'라며 똑같은 실수를 범하지 않겠다는 다짐을 하게 됩니다. 이처럼 이스라엘에게 아말렉은 새겨진 상처와 같았습니다. 아말렉의 공격으로 힘겨웠던 상처, 자신의 약함 때문에 고통받았다는 자책이 이스라엘 백성에게 있었습니다. 따라서 모세는 이스라엘 백성이 똑같은 상처를 다시 받지 않도록 아말렉을 지우라고 명령하는 것입니다.

모세의 명령을 듣고 있는 이스라엘 백성은 어디를 향해 걷고 있었습니까? 그들이 걸어왔던 광야가 아니었습니다. 이들이 종으로 살았던 이집트로 돌아가는 것도 물론 아니었습니다. 그들이 가고자 했던 목적지는 시내 광야를 통과해 하나님이 약속하신 젖과 꿀이 흐르는 땅, 가나안이었습니다. 가나안에 들어가서 그 땅을 소유하고, 그곳에서 돌보시는 하나님의 은혜를 누리는 것이 이들의 목표였습니다. 따라서 이스라엘 백성은 목적지까지 계속 행진하기 위해 장애물을 걷어 내야 했습니다. 모세는 아말렉이라는 장애물을 걷어 내기 위해 이스라엘 백성에게 "아말렉에 대한 기억을 지워 버리라"고 명령한 것입니다.

새 일을 주기 위해 작별하라 하신다

성경을 보면 하나님이 택한 백성에게 새로운 일을 시행하실 때 그 전에 반드시 거치는 작업이 있습니다. 마치 변치 않는 공식과 같습니다. 그것은 지난날과 작별하도록 이끄시는 것입니다. 하나님이 택한 백성에게 베풀어 주실 구원의 새 역사를 기록한 이사야서 43장 18절을 보겠습니다.

너희는 이전 일을 기억하지 말며 옛날 일을 생각하지 말라

하나님의 백성에게 이전에 경험한 일을 기억하거나 옛날 일을 생각하지 말라고 명령하고 있습니다. "이전"과 "옛날"이라는 표현을 주목하십시오. 이때는 이스라엘 백성이 하나님의 나라로 세워지기 위해 여러 우여곡절 가운데 분투하며 살았던 시기였습니다. 하나님이

오늘도 아말렉과 싸운다

이스라엘 백성에게 과거에 매인 모습을 기억하지 말라고 명령하신 이유는 무엇일까요? 다음 구절인 19절을 보십시오.

> 보라 내가 새 일을 행하리니 이제 나타낼 것이라 너희가 그것을 알지 못하겠느냐 반드시 내가 광야에 길을 사막에 강을 내리니

하나님은 명령의 이유를 "보라"라는 말로 시작하십니다. 이것은 자신이 한 약속은 반드시 이룰 것이라는 스스로에 대한 확신을 표현한 것입니다. 이때 하나님은 이스라엘 백성에게 어떤 약속을 하셨나요? 바로 '새 일을 행함'입니다. 이전에 그들이 경험하지도 못했고, 생각조차 하지 못했던 하나님의 큰일을 새롭게 보게 될 것이라는 뜻입니다.

이스라엘 백성이 이러한 새 일을 경험하는 이유는 무엇입니까? 전능하신 하나님이 직접 주도하셔서 새 일을 나타내 보이실 것이기 때문입니다. 이처럼 하나님은 택한 백성에게 전에 경험할 수 없었던 놀라운 새

일을 맛보게 하기 위해 그들이 이전에 행한 일과 옛날 일을 기억하거나 생각하지 말라고 명령하셨습니다. 만일 이스라엘 백성이 여전히 지난날의 삶에 갇혀 있다면 그들은 결코 새 일을 행하시는 하나님의 역사를 볼 수 없을 것입니다. 따라서 그들의 눈을 가로막고 있는 지난날의 모습을 지우고 새로운 안목으로 하나님을 바라볼 것을 도전하고 있습니다. 계속해서 하나님의 약속을 보겠습니다. 20절을 보십시오.

장차 들짐승 곧 승냥이와 타조도 나를 존경할 것은 내가 광야에 물을, 사막에 강들을 내어 내 백성, 내가 택한 자에게 마시게 할 것임이라

하나님이 바벨론에 포로 되었던 이스라엘 백성에게 자유를 주어 그들을 위해 강물을 내시고, 이로 인해 들짐승까지도 마시며 하나님께 영광을 돌리게 될 것을 약속하고 있습니다. 특히 "내가 … 강들을 내어 … 내 백성, 내가 택한 자에게 … 마시게 할 것임이라"라는 표현을 통해 하나님이 택하신 자들에게 당신의 능력

오늘도 아말렉과 싸운다

을 반드시 베풀어 주실 것이라는 주도적인 모습을 볼 수 있습니다. 따라서 이렇게 주도적으로 능력을 베풀어 주실 하나님의 새 일을 경험하기 위해 하나님은 택한 백성에게 "이전 일을 기억하지 말며 옛날 일을 생각하지 말라"고 반복하여 강조한 것입니다.

여러분, 이것이 복의 근원이신 하나님의 공식입니다. 택한 백성에게 상상하지도 못할 새 일을 행하실 때 사용하시는 하나님의 방식입니다.

오늘날 너무나 많은 사람이 지난날의 상처로 내면에 쓴 물을 담고 있는 것을 봅니다. 상처를 내면에 담고 있다는 말은 그 상처가 우리 속에 골짜기처럼 깊게 패여 있다는 뜻입니다. 그 상처가 우리가 볼 수 없는 깊은 자리에 뿌리내려 쓴 뿌리가 됩니다. 우리는 이러한 상처를 해결할 능력이 없기에 마치 오물을 흙으로 덮는 것처럼 회피하고 아무 일 없는 것처럼 그냥 덮어 놓습니다. 겉으로는 상처가 보이지 않기에 아무 문제가 없는 듯합니다.

그러나 거센 바람이 불어 흙을 거두면 여전히 남아 있는 오물이 드러나듯 감당하지 못할 문제 앞에 애써 덮어두었던 상처가 드러나게 됩니다. 이러한 상처는 두려움으로 나타납니다. 우리로 하여금 한없이 불안과 공포에 떨게 만듭니다. 더러는 열등감으로 드러나 우리를 좌절시키고 아무것도 기대할 수 없도록 만들기도 합니다. 그런가 하면 우리 속에서 분노와 증오로 튀어나올 때도 있습니다. 그래서 불특정 다수를 향해 공격적인 성향을 드러내기도 합니다. 또한 이런 것들이 자신을 할퀴는 심한 죄책감으로 드러나기도 합니다. 그래서 자학하며 자신을 더 힘들게 하고 병들게 만듭니다.

믿음의 선진들에게도 과거의 상처로 괴로워하는 모습이 동일하게 있습니다. 하나님의 사람이라 일컫는 다윗을 보십시오. 그는 하나님께 인정받은 신실한 믿음의 사람이었습니다. 그렇지만 다윗은 순간 엄습한 음욕을 이기지 못해 신실한 부하의 아내를 겁탈합니다. 심지어 신실한 부하를 가장 치열한 전쟁터로 보내 죽게 만듭니다. 그래야만 자신이 저지른 간음의 증거가 없어지리라 생각했기 때문입니다. 다윗은 사람을

오늘도 아말렉과 싸운다

속이려 했습니다. 자신도 속이려 했습니다. 그러나 하나님은 속일 수 없었습니다. 하나님은 다윗의 죄악을 보셨습니다. 이처럼 다윗에게는 어마어마한 과거의 상처가 있었습니다.

당대의 의인이라 불렸던 노아는 어떠했습니까? 술에 취한 나머지 자신의 치부를 자녀들 앞에서 드러내 보였습니다. 아버지로서 결코 보여서는 안 될 추태를 보였던 아픈 과거가 노아에게 있었지요.

믿음의 조상인 아브라함은 어떠했습니까? 생명의 위협을 받는 상황에서 하나님의 계획을 저버리고 자신의 아내를 누이라고 속였던 거짓과 위선의 과거가 있었습니다.

불의 선지자라 불리던 엘리야는 하늘에서 불을 불러올 만큼 하나님의 능력에 사로잡힌 선지자였습니다. 그러나 그도 이방신을 섬기던 왕비의 위협적인 말 한마디에 마음이 무너져 하나님이 부르신 자리에서 뛰쳐나와 로뎀나무 아래까지 도망가 자신을 죽여 달라고 간구했던 아픈 상처가 있었습니다.

베드로는 어땠습니까? 결정적인 순간에 예수님을

세 번이나 모른다고 부인한 것도 모자라 저주까지 했던 아픈 과거가 있었습니다.

바울은 또 어땠습니까? 그가 다메섹에서 부활하신 예수님을 만나기 전에 교회와 성도들을 핍박하고자 악랄한 행위를 저질렀던 아픈 과거가 있었습니다. 이처럼 성경에서 증언하고 있는 믿음의 선배들에게도 과거의 상처가 있었습니다.

오늘날 우리에게도 잘 지워지지 않는 지난날의 상처가 있지 않습니까? '좀 더 참았으면 좋았을걸! 내가 그 말만은 하지 말았어야 하는데!' 이처럼 엎질러진 물과 같이 돌이킬 수 없는 지난날의 후회가 상처가 되어 남아 있습니다. 모세의 명령을 듣고 있는 이스라엘 백성의 입장에서 보면, 과거 아말렉으로 인해 새겨진 상처가 후회로 남아 있었을 것입니다. 아말렉에 의해 소중한 시간을 빼앗기고, 하나님을 향한 신앙을 약탈당하며, 부르신 삶의 자리가 심하게 흔들렸던 지난날의 후회 말입니다. 이러한 후회가 여전히 우리에게 남아 있지 않습니까?

따라서 하나님의 공식을 잊지 않고 반드시 기억합

오늘도 아말렉과 싸운다

시다. 지난날의 잘못과 수치를 생각나게 하는 아말렉에 대한 기억을 지워 버려야만 하나님의 일하심을 볼 수 있다는 것을 기억합시다. 내 속에 가만히 들어와 하나님이 부르신 자리를 떠나게 하려는 아말렉으로 인해 넘어진 적이 있습니까? 아니, 지금 넘어져 있습니까? 이스라엘 백성을 향한 모세의 명령은 곧 우리를 향한 명령입니다. 우리는 아말렉을 지울 능력이 없지만 약속하시는 하나님은 능력 있으신 분입니다. 그분으로 인해 믿음으로 아말렉을 우리의 기억 속에서 지우고 작별하는 은혜가 있기를 축복합니다. 아말렉에게 붙들려 오늘이라는 선물 같은 귀중한 시간을 잃어버리지 않기를 바랍니다.

바로 현재에 집중하라

아말렉을 기억 속에서 지우라는 것은 현재에 집중하라는 의미입니다. 모세의 명령을 다시 봅시다.

그러므로 네 하나님 여호와께서 네게 기업으로 주어 차

지하게 하시는 땅에서 네 하나님 여호와께서 사방에 있
는 모든 적군으로부터 네게 안식을 주실 때에 너는 천
하에서 아말렉에 대한 기억을 지워 버리라 너는 잊지
말지니라 신 25:19

이 명령을 자세히 보면 아말렉을 기억에서 지워 버
려야 할 시간과 공간을 모세가 구체적으로 제시하고
있음을 알 수 있습니다. 그렇다면 언제, 어디서 아말렉
에 대한 기억을 지워야 할까요?

먼저, 시간을 찾아봅시다. "사방에 있는 모든 적군으
로부터 네게 안식을 주실 때"입니다. 약속의 땅 가나안
에는 이미 이방 민족들이 거주하고 있었습니다. 따라
서 이스라엘 백성이 그 땅을 차지하기 위해서는 반드
시 이방 민족들과 전쟁을 치러야 했습니다. 물론 전쟁
은 이스라엘 백성이 감당해야 했습니다. 하지만 전쟁
의 승리는 하나님께 있기에 약속하신 뜻대로 가나안
을 차지해 그 땅에서 평안을 누리게 될 것입니다. 이같
이 가나안의 이방 민족들을 전쟁을 통해 몰아내어 안
식을 누리게 될 때에 아말렉에 대한 기억을 지우라고

오늘도 아말렉과 싸운다

명령하고 있습니다.

다음으로, 장소를 찾아보겠습니다. "네게 기업으로 주어 차지하게 하시는 땅"입니다. 곧 하나님이 택한 백성에게 약속하신 가나안 땅입니다. 가나안은 이스라엘 백성에게 있어서 하나님의 암묵적 기대가 있는 곳이었습니다. 하나님이 택한 백성답게 살아가고자 하는 기대 말입니다. 따라서 하나님은 자신의 백성다운 모습으로 살아갈 새로운 기회의 땅에서 아말렉에 대한 기억을 지우도록 명령하신 것입니다.

모세의 명령을 보면, 이렇게 오해할 수도 있습니다.
"그렇다면 이 명령은 지금 지켜야 할 게 아니라 참 평안을 누리게 될 '그때에', 가나안 땅에 들어가게 될 '그곳에서' 지켜야 할 미래적인 명령 아닌가?"

모세의 명령은 하나님의 약속이 이뤄질 때와 장소에서 지켜야 할 것처럼 보입니다. 그러나 이것은 미래 어느 시점에 지킬 것이 아니었습니다. 바로 명령을 듣는 현재라는 시간, 명령을 받는 이 자리에서 지켜야 할 것이었습니다. 그 이유는 너무나 단순합니다. 하나님의 약속이 이뤄지는 그때는 현재라는 시간이 하루하루 쌓여야만 닿을 수 있기 때문입니다.

애니메이션 〈쿵푸 팬더〉를 보면 다음과 같은 대사가 나옵니다.

"어제는 지나간 날이고(Yesterday is history), 내일은 미지의 날이며(tomorrow is a mystery), 오늘은 선물 같은 날이야(but today is a gift). 그래서 오늘을 'present'라고 부르는 거야(That's why it's called the present)."

이 대사를 다음과 같이 바꿔 봅시다.

"어제는 약속을 지키기 위해 일하신 하나님의 날이고(Yesterday is his-story), 내일은 그의 약속을 이뤄 가는 것을 누릴 날이며(tomorrow is a my-story), 오늘은 그의 약속을 믿고 따르는 백성에게 선물로 주신 날이다(today is a GOD-gift). 그러므로 현재는 하나님이 주신 선물이다(So the present is present)."

이처럼 모세는 미래가 아닌 현재라는 시간에서 보여야 할 순종을 요구하며 명령했습니다. 오늘이라는 시간은 하나님이 허락하신 선물입니다. 하나님이 선물로 허락하신 하루가 쌓여야 내일이 존재할 수 있습니

오늘도 아말렉과 싸운다

다. 따라서 하나님의 백성은 지금 이 시간 삶의 호흡이 닿고 있는 부르신 자리에서 하나님이 주신 기회와 복에 집중해야 합니다. 그래야 하나님이 예비하신 복을 누릴 수 있습니다.

다시 출애굽기 17장, 아말렉이 이스라엘을 공격했던 현장으로 가 봅시다. 그 현장이 어디입니까? '르비딤'입니다. 르비딤이라는 지명의 뜻은 '평원'입니다. 높은 산이나 깊은 골짜기가 없고, 장애물도 없는 평지입니다. 거침없이 달릴 수 있는 현장입니다. 그런데 골짜기에 사는 자, 아말렉이 공격해서 광활한 평원을 황량한 골짜기로 만들어 버렸습니다.

아말렉이 내 인생을 공격하면 평지와 같던 인생이 끝을 알 수 없는 골짜기로 변하게 됩니다. 사방이 막혀 더 이상 나갈 곳을 찾지 못하게 되는 골짜기에 떨어지고 맙니다. 그래서 성경은 우리에게 "아말렉에 대한 기억을 지워 버려라. 그리고 현재라는 시간에 집중하라"고 가르치고 있는 것입니다. 다시 말하면 현재라는 시간에 숨 쉬고 있는 장소인 르비딤, 이 아름다운 평원을 잃지 않으려면 골짜기에 사는 약탈자 아말렉을 '지금

이 순간'에 지워 버려야 한다는 것입니다.

이런 점에서 여러분에게 다음과 같은 질문을 드리고 싶습니다.

"여러분은 현재라는 삶의 자리에 충실하십니까?"

심리학자 케이치프 노이드는 사람에게 여섯 가지 감옥이 있다고 말합니다. 이 감옥에 갇히면 자기 스스로의 힘으로 헤어나오기가 굉장히 힘들다고 합니다.

먼저 '자기도취'라는 감옥입니다. 흔히 왕자병, 공주병, 나르시즘에 포로가 되어 버리면 벗어나기 어렵습니다. 이들은 늘 남보다 우월하다고 생각하거나 반대로 스스로 우울하다고 생각하고, 늘 착각이라는 울타리 안에서 남들을 바라보며 산다고 합니다. 혹시 거울을 볼 때마다 '어쩜, 이렇게 잘생겼어!'라고 수시로 말하고 있다면 이 감옥에 갇혀 있을 가능성이 있습니다. 그리고 '비판'이라는 감옥도 있습니다. 이 감옥에 갇히면 타인을 항상 판단하고 평가합니다. 그래서 일반적인 인간관계가 굉장히 힘들어집니다. 스스로 왕따가 되는 겁니다.

또한 '과거 지향'이라는 감옥도 있습니다. 분명, 오늘을 살아가고 있지만 생각하고 바라보는 것이 늘 과거에만 매여 있는 사람을 가리킵니다. 미래에 대한 소망이 없는 인생, 얼마나 불쌍한가요? 그런가 하면 '비교'라는 감옥에 갇힌 사람도 있습니다. 이 감옥에 갇히면 참만족을 느낄 수 없습니다. 항상 나와 다른 사람을 비교하면서 원망과 불평을 가지며 살아갑니다.

다음으로 '선망'이라는 감옥이 있습니다. "남의 떡이 더 커 보인다"는 말처럼 나에게 있는 소중한 것을 무가치하게 바라보고 남의 것만 크게 보며 부러워하고 동경하는 사람을 가리킵니다. 마지막으로, '질투'의 감옥이 있습니다. 이 감옥에 갇히면 모든 것에 질투심을 느끼고 늘 경쟁하려고 합니다. 심지어 가까이 있는 사람조차 경쟁상대로 여깁니다.

케이치프 노이드는 여섯 가지 감옥에 대해 말했지만, 어디 이뿐이겠습니까? 확실하게 정의 내리지 못할 감옥이 수백 개, 아니 수천 개도 넘을 것 같습니다. 적절한 이름을 붙이질 못할 감옥에 얼마나 많이 갇혀 있는지 모릅니다. 그러나 이러한 감옥들이 갑자기 생겨

chapter 3.   아말렉, 기억에서 지워라

난 것은 아닙니다. 이것들에서 한 가지 공통점을 발견하게 되는데, 바로 과거의 시간과 연결되어 있다는 것입니다.

과거는 무엇을 의미하나요? 이는 내 속에 보이지 않게 숨어 있지만, 나의 삶을 통해 드러나는 오늘날 나의 모습입니다. 우리에게는 모두 과거라는 인생이 있습니다. 그러나 이것은 현재를 살아가는 나의 모습에 그림자처럼 나타납니다. 우리가 가는 곳마다 과거라는 그림자가 따라옵니다. 따라서 어제 힘겨운 삶을 살았으면 오늘도 그것이 이어지고, 어제 그 사람을 미워했으면 오늘도 여전히 그 사람이 미워지는 것입니다. 그러므로 과거의 모습과 작별하기 위해서는 반드시 현재의 삶에 충실하며 집중해야 합니다.

과거를 이긴 사람, 요셉

꿈의 사람, 요셉을 보십시오. 그는 과거에 버려진 사람이었습니다. 가장 가까이서 서로를 돌봐야 할 형제들에 의해 버려졌습니다. 심지어 형제들의 손에 의해

오늘도 아말렉과 싸운다

이방인에게 팔리기까지 했습니다. 이렇게 종으로 팔린 요셉은 보디발 장군의 아내에게 모함을 받고 버려졌습니다. 감옥에 갇힌 요셉에게는 더 이상 소망이 없는 듯 보였습니다. 과거에 버려진 수많은 상처가 감옥보다 더 그를 가뒀을 것입니다. 이뿐 아닙니다. 요셉은 그곳에서 꿈을 해석해 줬습니다. 그랬더니 술 맡은 관원이 너무 고마워하면서 은혜를 잊지 않겠다고 말합니다. 감옥에 나가면 반드시 보상하겠다고 약속합니다. 그러나 감옥을 나서는 순간, 그도 요셉을 버립니다. 이처럼 요셉은 철저하게 버림받은 인생을 살았습니다.

요셉에게 과거는 두려움이라는 존재였을 것입니다. 만일 요셉이 과거에만 갇혀 있었다면 그에게는 증오와 분노만 남았을 것입니다. 보통 이쯤 되면 어떻게 합니까? "두고 보자. 내가 성공하는 날, 절대로 당신들을 용서하지 않고 복수할 거야!"라고 할 것입니다. 복수자들은 "죽어도 못 잊는다"는 말을 수없이 내뱉습니다. 그러나 기억하십시오. 과거를 잊지 못하면 오늘을 빼앗깁니다.

chapter 3.   아말렉, 기억에서 지워라

과거의 큰 상처를 안고 살아갈 수밖에 없을 요셉의 삶은 결국 어떻게 됩니까? 놀랍게도 이집트의 총리가 됩니다. 절망적인 과거에서 어떻게 찬란한 현재의 삶을 살 수 있었을까요? 요셉은 이집트에서 첫째 아들을 낳습니다.

> 요셉이 그의 장남의 이름을 므낫세라 하였으니 하나님이 내게 내 모든 고난과 내 아버지의 온 집 일을 잊어버리게 하셨다 함이요 창 41:51

요셉은 아들의 이름을 '잊어버리다'라는 뜻의 "므낫세"로 짓습니다. 아마 요셉은 이름을 지으면서 과거에 그가 겪었던 모든 고난과 아픔, 두려움의 상처를 생각했겠지요. 그것이 그의 인생에 얼룩이고, 오점이라 여기며 마음속에 증오와 분노를 품을 수도 있었을 것입니다. 그러나 요셉은 "므낫세" 즉 과거의 모든 것들로부터 작별하고, 잊어버렸다고 말합니다. 이것은 무엇을 의미할까요? 과거와 작별하고 현재에 충실하겠다는 것입니다.

이어서 요셉은 둘째 아들을 낳습니다. 그의 이름을
이렇게 짓습니다.

차남의 이름을 에브라임이라 하였으니 하나님이 나
를 내가 수고한 땅에서 번성하게 하셨다 함이었더라
창 41:52

둘째 아들의 이름은 "에브라임"입니다. 이름의 뜻은
'번성하다, 창대하다'입니다. 특히 이름을 짓고 이것을
해석하는 요셉의 고백을 주목해 보십시오. "내가 수고
한 땅에서 번성하게 하셨다." 이 고백을 통해 무엇을
알 수 있을까요? 요셉은 자신의 의지와 상관없이 낯선
땅 이집트에서 살아가게 되었습니다. 그것도 종의 신
분으로, 죄인으로 살게 되었습니다. 그러나 요셉은 오
늘도 하나님이 자신을 주목하시고 여전히 함께하심을
믿었기에 주어진 현재의 자리에서 믿음으로 최선을
다해 살았습니다. 여기서 "수고"는 일하기 위해 애쓰고
수고한다는 뜻이 아닙니다. 오히려 '고통과 비참'을 뜻
하는 단어입니다. 곧 과거에 고통과 비참함이 있었지

chapter 3.   아말렉, 기억에서 지워라

만, 오늘날 하나님이 번성하게 하셨다는 고백을 하고 있는 것입니다. 이것은 고통과 비참의 순간에서도 번성하게 하실 하나님을 믿음으로 신뢰했던 요셉의 신앙이 드러나는 고백이기도 합니다.

요셉은 과거의 상처와 작별하기 위해 현재 주어진 자리에서 수고하고 충실했습니다. 오늘이라는 시간에 하나님이 지금 부르신 자리에서 하나님의 백성답게 살고자 집중했습니다. 이것이 세상에서 믿는 자로서의 승리를 맛본 요셉의 비밀입니다.

요셉이 총리가 된 후, 아버지 야곱과 그의 형제들이 모두 이집트로 오게 됩니다. 그리고 이집트에서 야곱이 죽습니다. 아버지가 죽자 형제들의 마음에 두려움이 생겼습니다. 아버지가 생존하셨을 때는 아버지 때문에 요셉이 자신들에게 복수하지 않았지만, 아버지가 떠난 지금, 지난날 요셉에게 행한 악한 일 때문에 복수할지 모른다는 불안함이 그들에게 있었던 것입니다. 요셉의 형제들은 지난날의 상처를 그대로 간직하고 있었던 것입니다.

그때 요셉이 형제들에게 어떻게 말합니까?

오늘도 아말렉과 싸운다

요셉이 그들에게 이르되 두려워하지 마소서 내가 하나
님을 대신하리이까 당신들은 나를 해하려 하였으나 하
나님은 그것을 선으로 바꾸사 오늘과 같이 많은 백성의
생명을 구원하게 하시려 하셨나니 당신들은 두려워하
지 마소서 내가 당신들과 당신들의 자녀를 기르리이다
하고 그들을 간곡한 말로 위로하였더라 창 50:19-21

요셉의 형제들은 과거에 붙잡혀 있었습니다. 그래
서 불안과 두려움에 몸서리쳤습니다. 그러나 요셉은
그렇지 않았습니다. 과거를 잊었습니다. 왜냐하면 요
셉은 현재에 집중하며, 오늘도 역사하실 하나님의 주
권을 인정했기 때문입니다.

사랑하는 여러분, 과거에 우리를 넘어뜨렸던 아말
렉에 대한 기억을 지우고 하나님이 주신 현재라는 시
간을 믿음으로 살아가는 은혜가 있기를 축복합니다.
나에게 가장 소중한 시간은 지금 내가 살아가고 있는
오늘이고, 나에게 가장 소중한 공간은 하나님이 부르
신 이 자리이며, 나에게 가장 소중한 사람은 지금 내
옆에 있는 사람임을 기억합시다. 하나님이 우리에게

오늘이라는 시간을 선물로 주셨고, 하나님은 오늘도 역사하시는 분이기 때문입니다.

미래에 대해 확실한 보장을 받으라

마지막으로, 아말렉을 기억 속에서 지우라는 것은 미래에 대해 확실한 보장을 받으라는 의미입니다. 이쯤에서 아말렉의 정체를 다시 살펴봐야 합니다.

> 에서의 아들 엘리바스의 첩 딤나는 아말렉을 엘리바스에게 낳았으니 이들은 에서의 아내 아다의 자손이며 창 36:12

에서의 아들 엘리바스가 첩의 몸에서 낳은 자식이 아말렉입니다. 에서의 후손 엘리바스의 가문에서 족장들이 일어나는데 이들의 이름은 다음과 같습니다.

> 에서 자손 중 족장은 이러하니라 에서의 장자 엘리바스의 자손으로는 데만 족장, 오말 족장, 스보 족장, 그나스

족장과 고라 족장, 가담 족장, 아말렉 족장이니 이들은
에돔 땅에 있는 엘리바스의 족장들이요 이들은 아다의
자손이며 창 36:15-16

엘리바스 자손들의 이름을 면면히 살펴보면, 하나
같이 하나님을 위해 선한 도구로 쓰임 받은 자들이 없
습니다. 따라서 에서의 족보를 보면서 하나님이 우리
에게 주시는 경고의 메시지를 발견해야 합니다. 그것
은 '혈통의 대물림'입니다.

에서가 누구입니까? 하나님이 주신 장자권을 소중
히 여기지 않고, 형제까지 죽이려고 한 인물입니다. 야
곱은 에서에게 죽을 뻔한 위기에 처했지만, 하나님이
야곱을 보호하셨기 때문에 죽지 않았습니다. 이러한
에서와 야곱의 갈등이 이들의 후손에게도 동일하게
나타납니다.

에서가 동생 야곱을 죽이려고 했던 것처럼 에서의
후손인 아말렉이 야곱의 후손인 이스라엘을 압제하고
죽이고자 했습니다. 아말렉과 이스라엘 백성의 모습이
마치 야곱을 죽이려고 성질을 내고 있는 에서의 모습

과 놀랍도록 똑같지 않습니까? 여기서 우리가 기억해야 할 것이 있습니다. 야곱은 비록 에서의 공격을 받았지만, 하나님이 에서의 손에서 야곱을 보호하신 것처럼, 이스라엘 백성이 비록 아말렉의 공격을 받고 있더라도 하나님이 아말렉의 손에서 이스라엘 백성을 보호하신다는 사실입니다. 따라서 모세는 하나님이 택한 백성을 반드시 보호하시는 분이라는 사실을 더욱 신뢰하도록 격려한 것입니다.

우리에게는 사명이 있습니다. 그것은 우리 자녀에게 아말렉적 기질을 물려주는 것이 아니라 변함없이 신실하신 하나님의 약속을 믿고 살아가는 약속의 자녀가 되도록 신앙의 유산을 대물림해야 한다는 것입니다. 따라서 이를 위해 우리의 삶 구석구석에서 아말렉을 지워야 합니다.

이와 관련해 여러분에게 사랑의 마음으로 당부합니다. 하나님이 허락하신 가정에서 생활할 때 특히 자녀 앞에서 교회에 대한 부정적인 언행을 삼가시길 바랍니다. 신앙생활을 갓 시작하신 분들은 교회에 대해 잘 모르기 때문에 말할 게 별로 없습니다. 그러나 소위

오늘도 아말렉과 싸운다

교회의 터줏대감이라고 말하는 분들, 소위 교회의 중직자라고 하는 분들이 이런 실수를 범할 위험이 가장 높습니다. 아말렉에 사로잡혀 하나님의 교회를 자신의 교회라고 착각하는 순간, 감사의 입술이 원망과 불평의 입술로 바뀝니다. 하나님의 뜻대로 바라보지 않고 온통 자기 생각으로 바라보고 쉽게 판단한 결과 자신도 모르게 아말렉이 되어 버립니다. 그래서 사람들을 만날 때마다 부정적인 인식을 갖게 해 교회를 어렵게 만듭니다. 만일 우리가 아말렉의 성향을 드러내면서 하나님의 교회를 함부로 판단하고 부정적인 말을 늘어놓는다면, 자녀들이 이것을 배우게 될 것입니다.

조심스럽게 한 마디 더 권면하겠습니다. 모두 그런 것은 아니지만 열심을 품고 교회를 섬기는 분들의 가정을 보면 종종 패륜적 기질을 가진 자녀가 있는 경우를 봅니다. 부모는 교회 생활에 열심이지만, 그 자녀는 신앙을 버리고 맘대로 사는 모습을 봅니다. 이러한 상황을 볼 때마다 가정 환경을 주목합니다. 그러면 대부분 부모가 교회를 열정적으로 다니지만 정작 가정에서는 믿는 자로서 모범을 보이지 않고 있음을 발견합니다. 이것은 우리에게 무엇을 의미할까요? 자신도 모르게 자녀에게 아말렉의 기질을 갖게 했다는 것입니다. 자녀 앞에서 교회에 대해 부정적인 말들을 거침없이 하고, 함께 신앙 생활하는 성도에 대해 함부로 말하는 것을 자녀가 본다면, 이들이 어떻게 교회 생활을 할 수 있을까요? 그러니 자녀 앞에서 교회에 대해, 목회자에 대해 함부로 말하지 마십시오. 아무리 판단하고 험담을 하더라도 우리 자녀는 교회에서, 목회자에게서 영적 지도를 받으며 살아야 합니다. 부모조차 인정하지 않는 목회자를 자녀가 인정하겠습니까?

사람은 서로 영향을 주고받으며 관계를 맺습니다. 부모에게 좋은 영향도 받지만 좋지 않은 영향도 받습니다. 따라서 우리는 자녀에게 내 속에 있는 아말렉의 기질을 물려주지 않겠다고 결단해야 합니다. 우리의 자녀는 하나님의 은혜 안에 있는 약속의 사람들입니다. 따라서 우리와 더불어 약속의 땅에 들어가 풍성한 은혜를 누리며 살도록 해야 합니다. 이를 위해서 오늘 우리는 미래에 대해 확실한 보장을 받기 위해 아말렉에 대한 기억을 지워야 합니다.

하나님이 아말렉을 얼마나 싫어하시는지 아십니까?

이르되 여호와께서 맹세하시기를 여호와가 아말렉과
더불어 대대로 싸우리라 하셨다 하였더라 출 17:16

하나님이 대대로 싸우실 정도로 아말렉을 싫어하십
니다. 다른 면에서 보면 아말렉에 대한 기억을 지우기
가 결코 쉽지 않음을 의미하기도 합니다. 그러나 하나
님이 싸워 주시기에 우리는 아말렉에 대한 기억을 지
울 수 있습니다.

"아말렉에 대한 기억을 지워 버리라!"

이 짧은 한마디 속에 과거와 현재와 미래가 들어 있
습니다. 우리와 함께 영원히 싸우신다고 말씀하신 하
나님의 약속을 믿으십시오. 그리고 그의 능력을 힘입
어 우리의 삶을 흔드는 아말렉을 기억 속에서 지워 버
리십시오. 그래서 우리 모두 하나님이 약속하신 가나
안 땅에 입성하고, 그곳을 차지하여, 그곳에서만 누릴
수 있는 풍성함을 맛볼 수 있기를 축복합니다.

chapter 3.   아말렉, 기억에서 지워라

묵상하기

✎ 지나칠 정도로 수치와 부끄러움을 느낀 적이 있습니까? 어떤 상황이었습니까?(이사야 43장 18-20절을 암송합시다)

✎ 과거와 작별하고 현재에 충실하기 위해 지금 내 삶의 자리에서 필요한 결단은 무엇입니까?

✎ 출애굽기 17장 16절을 찾아 적어 보고, 내 영혼을 향해 믿음으로 선포합시다. 확실한 미래를 우리에게 허락하실 하나님의 약속을 붙잡읍시다.

chapter 4.

당신, 누구와 싸우는가

하나님을 불신하는 옛사람이 문제다

금세기 최고의 기독교 변증학자인 C.S. 루이스(C.S. Lewis)의 《천국과 지옥의 이혼》은 지옥 언저리에 사는 영혼들이 천국의 언저리로 소풍 가서 겪는 사건을 보여 주는 판타지 소설입니다. 비록 소설이지만 그 안에 담긴 신학적 배경과 성경 내용에 감탄하게 됩니다.

지옥 언저리에 사는 자들이 기대감을 가지고, 천국 문 앞에 이릅니다. 그때 천국 문을 지키는 문지기가 그들을 가로막습니다. 소풍 장소인 천국에 들어가지 못한 지옥 언저리에 사는 자들이 문지기에게 묻습니다. "왜 우리를 들어가지 못하게 합니까? 이곳은 누가 들어갈 수 있습니까?" 이 질문에 문지기는 답합니다. "이 문을 통과할 수 있는 자격은 단 하나입니다. 당신은 예

오늘도 아말렉과 싸운다

수 그리스도로 인해 주체할 수 없는 기쁨을 가지고 있습니까? 이 질문에 기꺼이 '네'라고 대답할 수 있다면, 이 문을 통과할 수 있습니다. 왜냐하면 그 사람은 천국을 누릴 수 있는 시민이기 때문입니다."

문지기의 질문을 우리에게도 적용해 봐야 합니다. "예수님으로 인해 주체할 수 없는 기쁨이 당신에게 있습니까?"

천국을 약속받은 하나님의 사람, 그리스도인의 마음속에는 예수 그리스도로 인한 기쁨이 있어야 합니다. 다윗이 몸이 드러난 줄도 모르고 하나님 앞에서 기쁨으로 춤을 춘 것처럼 성도는 그리스도로 말미암는 주체 못할 기쁨이 있어야 합니다. 이런 의미에서 여러분에게 다시 질문하고 싶습니다.

"예수님으로 인한 주체할 수 없는 기쁨이 어느 정도입니까?"

물론 세상도 우리에게 기쁨을 줍니다. 그러나 세상이 주는 기쁨은 너무나 쉽게 변합니다. 대중의 호응을 받아 열광하다가도 '이제 지겹다'는 피로감 묻어나는 말이 나오기 시작하면 손바닥 뒤집듯이 열풍이 잠

잠해지는 것을 자주 목격합니다. 그러나 그리스도인이 품는 기쁨은 세상의 것과 다릅니다. 내 앞에 전혀 예상치 못한 일이 일어나더라도, 팬데믹과 같은 긴박한 사건이 펼쳐지더라도 성도는 기쁨을 빼앗기지 않습니다. 그 이유는 무엇일까요? 비록 우리는 환경에 쉽게 변하더라도 우리의 기쁨이 되는 예수 그리스도는 변함없이 신실하기 때문입니다. 그러므로 우리는 세상에 빼앗길 수 없는 절대적인 기쁨을 누릴 수 있습니다.

우리는 세상을 떠나 살 수 없습니다. 예수님이 제자들을 위한 기도를 통해 이 부분을 명확히 말씀하십니다.

> 아버지께서 나를 세상에 보내신 것같이 나도 그들을 세상에 보내었고 요 17:18

우리가 세상에서 살아야 하는 이유는 하나님 아버지가 예수님을 세상에 보내신 것처럼 우리를 세상에 보내셨기 때문입니다. 그러므로 우리는 하나님이 보내신 자로서 세상에서 살아가야 합니다. 그렇다고 세상만을 위해서 살아가서는 안 됩니다.

오늘도 아말렉과 싸운다

내가 세상에 속하지 아니함같이 그들도 세상에 속하지
아니하였사옵나이다 요 17:16

성도는 세상에서 살지만 하나님께 속해 있기 때문에 세상에 속하지 않는 삶을 살아가야 합니다. 이방 선교를 위해 준비된 안디옥 교회는 세상에 있었지만, 세상에 속하지 않는 모습으로 인해 "비로소 그리스도인이라 일컬음을 받게"(행 11:26) 되었습니다. 이처럼 그리스도인은 세상과는 다른 목적을 향해 신앙의 발걸음을 내디뎌야 합니다. 이것이 '그리스도인'이라는 자기 정체성입니다. 따라서 하나님의 백성은 세상이 제시하는 질문에 다음과 같이 답해야 합니다.

"당신은 누구입니까? 나는 하나님의 사람입니다."

"당신은 무엇을 위해 살아갑니까? 나는 현재 천국 백성으로서 이 세상을 떠나 반드시 갈 천국을 사모하고 전하기 위해 살아갑니다."

"당신의 기쁨은 무엇입니까? 나는 어디에나 계신 하나님을 인정하고 고백하는 것으로 기쁨을 누립니다."

우리는 천국에 대해 압니다. 성경이 우리에게 무엇

chapter 4.   당신, 누구와 싸우는가

을 말하고 있는지 그 내용도 이해합니다. 그러나 성도들을 만나 교제해 보면 많은 분이 하나님에 대해 알지만, 정작 하나님을 모르고 있습니다. 또 천국에 대해 알지만 천국을 사모하는 열심은 없는 것을 봅니다. 성경 지식은 많이 알고 있으나 정작 앎과 삶의 거리가 너무나도 먼 성도가 많습니다. "나는 그리스도인입니다"라고 입술로 고백하는 것과 "나는 그리스도인으로 살아갑니다"라고 고백하며 살아가는 것 사이의 거리가 상당합니다. 이러한 모습은 천국 백성이 마땅히 누려야 할 하나님의 은혜를 못 누리고 있다는 증거입니다.

이처럼 하나님으로 인해 누릴 수 있는 절대적인 기쁨이 없다는 것이 오늘날 우리에게 심각한 영적 위험 요소 중 하나입니다. 그래서 예수 믿는 것이 가슴 벅차지 않습니다. 십자가를 보더라도 흥분되지 않고 오히려 짐처럼 느낍니다. 여러분은 예배의 자리에 나아갈 때마다 어떤 마음을 가집니까?

찬송가 94장 〈주 예수보다 더 귀한 것은 없네〉는 성도가 불러야 할 평생의 고백이 담겨 있습니다.

오늘도 아말렉과 싸운다

주 예수보다 더 귀한 것은 없네

이 세상 부귀와 바꿀 수 없네

영 죽은 내 대신 돌아가신

그 놀라운 사랑 잊지 못해

세상 즐거움 다 버리고

세상 자랑 다 버렸네

주 예수보다 더 귀한 것은 없네

예수 밖에는 없네

성도는 세상 그 어떤 부귀와 명예를 준다고 해도 예수님과 바꿀 수 없습니다. 왜냐하면 성도는 예수보다 더 귀한 것이 없음을 믿기 때문입니다. 이러한 고백은 머리에 담겨 있는 지식도 아니요, 입술로 내뱉는 언어의 구사도 아닙니다. 우리 삶을 지탱하는 신앙의 기둥과 같은 고백입니다. 그런데 어떤 이에게 이 찬양은 무서운 칼날과 같습니다. 입술로는 이렇게 고백하지만 정작 그렇지 못한 삶을 살고 있기에 이 고백을 드릴 때마다 자신을 더 깊이 찌르는 경험을 합니다. 왜 우리는 찬양의 고백처럼 살지 못하는 걸까요? 마음의 소원을 가지고 예수 믿는 그리스도인답게 살아봐야겠다고 수없이 다짐하지만 왜 우리는 그렇게 살지 못할까요?

여러 가지 이유가 있을 것입니다. 그러나 그 이유들을 하나로 묶으면 이렇게 답할 수 있습니다. 바로 아말렉 때문이라고 말입니다. 우리는 지금까지 아말렉이 무엇을 의미하는지 살펴봤기 때문에 잘 알고 있습니다. '내 속에 있는 나!' 환경의 문제가 아니라 하나님을 불신하는 나의 옛 성품과 옛 자아 때문에 그런 것입니다.

대적 아말렉을 어떻게 대할 것인가

이스라엘 백성을 향한 모세의 명령 앞에 다시 함께 섭시다.

> 너희는 애굽에서 나오는 길에 아말렉이 네게 행한 일을
> 기억하라 신 25:17

모세는 아말렉이 이스라엘 백성을 언제 공격했는지 특정하고 있습니다. "애굽에서 나오는 길에." 사백 년

이 넘도록 이집트의 종노릇을 하다가 드디어 하나님 백성의 신분으로 자유를 얻어 나오게 된 이스라엘 백성을 상상해 보십시오. 마치 우리나라가 일본의 압제에서 벗어나 해방을 맞이할 때 두 손 높이 들고 기쁨으로 "만세"를 외친 것처럼 이스라엘 백성에게 출애굽의 순간은 기쁨과 환희였을 것입니다. 그동안 이집트에서 받은 압제와 고통으로부터 해방되는 자유를 온몸으로 누렸을 것입니다.

그런데 바로 그때, 아말렉이 이스라엘 백성에게 행한 일을 기억하라고 모세가 명령합니다. 이집트 노예에서 해방된 기쁨과 구원의 자유를 누리던 그들에게 예상치 못한 아말렉의 공격으로 일순간에 모든 것을 빼앗긴 그 상황을 기억하라고 명령합니다.

사도 바울은 성도의 삶에 대해 예수 그리스도로 말미암아 믿음으로 서 있는 은혜로 하나님의 영광을 바라고 즐거워한다고 말합니다(롬 5:2). 우리는 세상에서 하나님의 구원을 받은 엄청난 기적을 누린 자들입니다. 그럼에도 우리는 세상 사람이 결코 알 수도 없고, 체험할 수도 없는 구원의 기쁨을 누리지 못하고 있습니다. 그리스도인이 누릴 수 있는 자유는 알고 있으나 정작 자유의 기쁨과 감격이 우리 속에 없습니다. 그 모든 것을 아말렉에게 빼앗겼기 때문입니다.

우리는 연말마다 내년을 꿈꾸며 새로운 결심을 합니다. 계획도 세웁니다. 그런데 이러한 결심과 계획은 며칠 가지 못합니다. 사람의 결심과 의지가 얼마나 약하면 '작심삼일'이란 말도 있지 않습니까?

우리 결심은 왜 이렇게 쉽게 허물어질까요? 아말렉이 우리의 새로운 결단을 허물기 때문입니다. 사사기 6장 3절입니다.

이스라엘이 파종한 때면 미디안과 아말렉과 동방 사람들이 치러 올라와서

파종의 순간은 흥분되는 시간입니다. 겨우내 굳어진 땅을 갈아엎고, 그곳에 씨앗 하나하나 심을 때 농부는 흥분합니다. 결실의 계절에 풍성한 열매 맺기를 기대하며 허리가 아픈 줄도 모르고 기쁨으로 씨앗을 심습니다. 이처럼 농부에게 파종의 순간은 기대의 시간

오늘도 아말렉과 싸운다

입니다. 그리고 땅의 입장에서는 씨앗을 움트게 하는 새로운 출발의 시간입니다. 그런데 그때가 되면 어김없이 아말렉이 쳐들어와 공격합니다. 이같이 우리도 이전의 삶을 지우고, 새로운 삶을 살고자 결단하더라도 아말렉이 불쑥 일어나 흔들어 버립니다. '골짜기에 사는 자'라는 아말렉의 이름처럼 내 마음 깊은 골짜기에 가만히 숨어 있다가 불쑥 튀어나와 나의 기대를 무산시킵니다. 내가 가진 희망을 절망으로 바꿔 버립니다. 하나님의 은혜로 품게 된 새로운 삶에 대한 결심을 흔들고 뒤엎어 버립니다. 결국, 내 삶에서 아말렉이 문제입니다.

그렇다면 나의 대적, 아말렉을 어떻게 해야 할까요? 아말렉이라는 걸림돌을 해결해야 무엇인가 꿈꾸고, 기대하지 않겠습니까? 만일 아말렉의 문제가 해결되지 않으면 그 모든 계획은 수포로 돌아가 버리고 말 것입니다. 그렇다면 하나님의 백성인 우리는 아말렉을 어떻게 대해야 할까요?

내 속의 아말렉과 끝까지 싸우라

우리는 대적 아말렉과 담대히 싸워야 합니다. 성경은 하나님의 어떠하심을 풍성하게 보여 주고 있습니다. 그중에서 본문은 '전쟁하시는 하나님'을 우리에게 가르칩니다. 아말렉이 이스라엘 백성을 기습 공격했습니다. 참 긴박한 순간입니다. 이때 모세는 이스라엘 백성에게 무엇을 지시하나요?

> 모세가 여호수아에게 이르되 우리를 위하여 사람들을 택하여 나가서 아말렉과 싸우라 내일 내가 하나님의 지팡이를 손에 잡고 산꼭대기에 서리라 출 17:9

모세의 지시는 단순했습니다. "아말렉과 싸우라"는 것입니다. 성경은 원수를 사랑하고 용서하라고 가르칩니다. 그러나 악의 세력에 대해서는 단호하게 대적할 것을 지시합니다. 성도는 하나님의 형상으로 지음받은 존재입니다. 뿐만 아니라, 하나님의 걸작품이기에 자신을 사랑해야 합니다. 비록 자신의 모습이 초라해 보이고, 남과 비교할 때 부족해 보이더라도 있는 모습 그

오늘도 아말렉과 싸운다

대로 사랑해야 합니다. 그러나 악을 향하여 빨리 달리는 발, 하나님보다 더 높아지고자 하는 죄악 된 나의 옛 자아는 타협할 대상이 아닙니다. 아말렉은 타협의 대상이 아닌 담대히 싸워야 할 대상인 것처럼, 죄악 된 옛 자아 또한 타협하거나 달래야 할 대상이 아니라 전쟁을 선포하고 들춰내 싸워야 할 대상입니다.

어떤 면에서 보면 모세가 명령을 잘못 내리고 있는 것처럼 보입니다. 광야를 행진하며 지칠 대로 지쳐 있을 이스라엘 백성에게 필요한 것은 전쟁이 아닌 휴식이기 때문입니다. 그러나 모세는 백성에게 전쟁을 선언합니다. 왜냐하면 하나님이 전쟁을 선포하셨기 때문입니다.

이르되 여호와께서 맹세하시기를 여호와가 아말렉과 더불어 대대로 싸우리라 하셨다 하였더라 출 17:16

아말렉과의 전쟁은 일시적이지 않습니다. 대대로 싸우는 전쟁입니다. 그리고 이 전쟁에 이스라엘 백성은 뒤로 물러서지 말고 참전해야 합니다. 왜냐하면 하나님이

chapter 4. 당신, 누구와 싸우는가

백성과 함께 대대로 싸우실 것이기 때문입니다.

여기서 우리가 주목해야 할 어구가 있습니다. 바로 "여호와가…싸우리라"입니다. 이 말씀을 보면 이스라엘 백성은 뒤로 물러선 채 하나님만이 선봉장에 서서 아말렉과 전쟁하시는 것처럼 그려집니다. 그러나 원어의 뜻은 그렇지 않습니다. "여호와께 속한 싸움이다"라는 뜻입니다. 따라서 이스라엘 백성은 하나님만 앞세운 채 뒤로 물러서는 것이 아니라 오히려 치열하게 맞서 싸워야만 했습니다. 왜냐하면 아말렉과의 치열한 전쟁은 이스라엘 백성을 통해 '여호와께 속한 싸움'이라는 것을 보여 주는 전쟁이기 때문입니다. 그리고 가나안 땅으로 앞서서 인도하신 하나님이 이스라엘 백성에게 "아말렉과의 전쟁은 나에게 속했기에 너희들이 대대로 싸워야 한다"는 준엄한 명령을 내리셨기 때문입니다. 이처럼 하나님은 악의 세력인 아말렉과 끝장을 볼 때까지 전쟁을 감당할 것을 명령하십니다.

모세는 이스라엘 백성에게 "우리를 위하여"(출 17:9) 아말렉과 전쟁해야 한다고 말합니다. 남에게 유익을 주기 위해 싸우는 것이 아닙니다. 사람들에게 좋은 구

오늘도 아말렉과 싸운다

경거리를 만들기 위함도 아닙니다. 나와 너, 그리고 우리를 위해 아말렉과 전쟁해야 한다는 것입니다. 우리가 살기 위해 전장에 나가야 한다는 의미입니다.

그러므로 눈에 보이지 않는 것으로 두려워하고, 인생의 막연함 때문에 무기력한 모습으로 살아가는 우리에게 절대적으로 필요한 것은 무엇일까요? 바로 나를 위하여, 가족을 위하여, 주의 교회를 위하여 아말렉과 전쟁을 선포하고 친히 전장으로 나가 싸우는 것입니다. 그래야 하나님이 약속하신 젖과 꿀이 흐르는 가나안을 소유하고 누릴 수 있습니다.

여러분, 싸움에도 흥하는 싸움이 있고 망하는 싸움이 있다는 것을 아십니까? 철이 철을 날카롭게 하는 것처럼 서로의 얼굴을 빛나게 하는 선한 싸움이 있는가 하면 서로의 삶을 더욱 황폐하게 하는 악한 싸움이 있습니다. 부부 싸움은 가정을 망하게 합니다. 세상 것으로 성도가 싸운다면 교회를 망하게 합니다. 각자의 이념만 붙잡고 반대를 위한 반대로 서로를 적대시하는 싸움은 나라를 망하게 합니다. 그러나 아말렉과의 싸움은 흥하게 합니다. 나 자신과의 싸움은 영적 성장을 일으킵니다. 축복을 누리게 합니다. 그렇다고 아말렉과의 전쟁을 가볍게 여겨서는 안 됩니다. 이 전쟁은 말로만, 기분 내키는 대로만 진행하는 전쟁이 아니기 때문입니다. 혹독하게 싸워야 할 전쟁입니다.

> 여호수아가 칼날로 아말렉과 그 백성을 쳐서 무찌르니라
> 출 17:13

아말렉과의 전쟁에 참여한 이스라엘 백성은 칼을 뽑아 들어야 했습니다. 그리고 칼로 아말렉을 베어야 했습니다. 적을 벤 칼 끝에는 피가 낭자했을 것입니다. 이처럼 치열한 혈투입니다. 그러므로 성도는 하나님께 속한 전쟁이라는 것을 믿으며, 결코 뒤로 물러서지 말고 적극적으로 아말렉과 맞서 싸워야 합니다. 전쟁을 감당하면서 여러 환난과 고난을 경험할 것입니다. 그러나 이것을 당연한 것으로 여기며 끝까지 전쟁에 참여해야 합니다. 하나님 안에 있는 이미 승리가 보장된 전쟁이기 때문입니다.

오늘도 아말렉과 싸운다

사도 바울은 하나님의 백성을 다음과 같이 비유합니다.

너는 그리스도 예수의 좋은 병사로 나와 함께 고난을
받으라 딤후 2:3

하나님의 부르심을 받은 백성은 '병사'입니다. 그러나 나약한 병사가 아니라 "좋은 병사"입니다. 여기서 '좋다'는 '흠 없이 완벽하다'는 뜻입니다. 곧 완벽하게 준비된 병사라는 것입니다.

하나님의 백성은 왜 좋은 병사가 될 수 있을까요? 바로 "그리스도 예수의 것"이기 때문입니다. 우리는 여전히 영적 전쟁을 감당할 능력조차 없는 존재입니다. 그러나 아무 자격 없는 우리를 전능하신 예수 그리스도께서 자신의 것으로 삼아 주셨기에 예수 그리스도로 인하여 좋은 병사가 되어 영적 전쟁을 감당할 수 있게 되었습니다.

그렇다면 좋은 병사는 어떤 삶을 살아야 할까요?

chapter 4.   당신, 누구와 싸우는가

병사로 복무하는 자는 자기 생활에 얽매이는 자가 하나
도 없나니 이는 병사로 모집한 자를 기쁘게 하려 함이라
딤후 2:4

좋은 병사로 부름 받은 성도는 자신의 신분을 끝까
지 기억합니다. 만일 자신의 신분을 망각할 것 같으면
비싼 값을 치르더라도 과감히 포기할 줄 압니다. 이것
이 '자기 생활에 얽매이지 않는 것'입니다. 그렇다고
자기 생활을 전부 포기하라는 뜻이 아닙니다. 오히려
자기 신분을 결코 잊지 말라는 뜻입니다. 왜냐하면 병
사가 상관에게 충성을 바쳐야 하듯이 여전히 자격 없
는 나를 자신의 좋은 병사로 삼으신 예수 그리스도께
충성을 드리는 것이 마땅한 이치이기 때문입니다.

안일한 태도가 문제의 씨앗이다

주님의 좋은 병사로 세워진 우리는 아말렉과의 전
쟁을 어떤 마음으로 감당해야 할까요? 다시 모세의 명
령에 귀를 기울이겠습니다.

오늘도 아말렉과 싸운다

여호와께서 모세에게 이르시되 이것을 책에 기록하여
기념하게 하고 여호수아의 귀에 외워 들리라 내가 아말
렉을 없이하여 천하에서 기억도 못 하게 하리라 출 17:14

하나님은 아말렉의 존재가 천하에서 기억조차 나지
않도록 싸우시겠다고 모세에게 말씀합니다. 매우 단호
합니다. 이것이 아말렉 전쟁의 성격입니다.

사무엘상 15장도 아말렉과의 전쟁을 기록하고 있습
니다.

지금 가서 아말렉을 쳐서 그들의 모든 소유를 남기지
말고 진멸하되 남녀와 소아와 젖 먹는 아이와 우양과
낙타와 나귀를 죽이라 하셨나이다 하니 삼상 15:3

사무엘이 이스라엘 왕인 사울에게 하나님의 말씀을
선포합니다. 바로 아말렉의 "모든 소유를 남기지 말고
진멸하라"는 말씀입니다.

사람들은 이 구절을 보며 "사랑 많으신 하나님이 왜
잔인한 학살 명령을 내리실까?" 질문할 수 있을 것입니다. 남자와 여자는 물론이고 어린아이와 젖 먹는 아이까지 죽여야 했기 때문입니다. 사람만이 아닙니다. 소와 양, 낙타와 나귀까지 죽여야 합니다. 말 그대로 아말렉의 모든 것을 진멸해야 합니다. 이제 갓 태어난 젖먹이가 무슨 잘못이 있습니까? 그 집에 있는 소와 양, 낙타와 나귀가 무슨 잘못이 있다고 흔적조차 남기지 말고 지우라고 말씀하시는 걸까요? 그러나 하나님은 잔인하게 보일 정도로 모든 것을 진멸하라고 명령하십니다. 바로 아말렉과의 싸움이기 때문에 그렇습니다.

만일 이스라엘 백성이 하나님의 명령을 불순종한다면 어떻게 될까요? 여호수아서는 이스라엘 백성의 가나안 정복 과정과 땅의 분배를 기록하고 있습니다. 그중에서 여호수아 11장은 가나안 정복 전쟁을 마칠 때를 배경으로 합니다.

이와 같이 여호수아가 여호와께서 모세에게 말씀하신 대로 그 온 땅을 점령하여 이스라엘 지파의 구분에 따라 기업으로 주매 그 땅에 전쟁이 그쳤더라 수 11:23

오늘도 아말렉과 싸운다

그들보다 앞서 전쟁하시는 하나님의 은혜로 이스라엘 백성이 마침내 약속의 땅을 차지하게 됩니다. 그래서 가나안 땅에 전쟁이 그치게 되었습니다. 하지만 그들은 약속의 땅을 완전히 정복하지 못했습니다.

> 이스라엘 자손의 땅에는 아낙 사람들이 하나도 남지 아니하였고 가사와 가드와 아스돗에만 남았더라 수 11:22

이스라엘 백성은 가나안을 모두 정복하지 못하고 가사와 가드, 아스돗을 남겨 두었습니다. 히브리어 성경을 보면 이스라엘 백성이 힘이 없어서 그곳을 정복하지 못한 것이 아니라 정복하지 않으려 했기 때문에 남겨 두었다는 것을 알 수 있습니다. 히브리어 성경은 '단지 약간 남았다'고 표현하고 있습니다. 이것을 염두에 두면, 이스라엘 백성이 그곳을 남겨둔 이유는 '저 정도 남겨 놓는다고 무슨 일이 있겠어?'라는 안일한 태도 때문이었습니다.

모세는 이미 광야에서 이스라엘 백성에게 가나안 땅에 입성할 때 그곳에 있던 이방 민족을 완전히 정복

chapter 4. 당신, 누구와 싸우는가

하라고 명령했습니다. 그러나 이스라엘 백성은 자기 생각대로 그것을 이해했습니다. 그래서 자기들의 판단대로 너무나 쉽게 종전 선언을 해 버린 겁니다. 이러한 안일한 태도와 불순종은 훗날 이스라엘 백성에게 어떤 결과로 돌아옵니까?

훗날 '가사'에서 사사 삼손을 무너뜨리는 일이 일어납니다. 가사 지방은 삼손이 거주한 단 지파 지역에서 가장 먼 곳에 있었습니다. 그러나 삼손이 굳이 가사까지 갑니다. 왜 그랬을까요?

> 삼손이 가사에 가서 거기서 한 기생을 보고 그에게로 들어갔더니 삿 16:1

성적 일탈을 위해 가사까지 갔던 것입니다. 나실인이자 사사로서 하나님의 사명에 순종해야 할 삼손은 하나님이 아닌 이방 여인과 친밀한 관계를 맺었습니다. 그 결과 감히 아무도 대적할 수 없는 힘을 가졌던 삼손이 가사에서 비참한 최후를 맞이하게 됩니다. 보잘것없어 보였던 '가사'가 이스라엘의 가장 '강한 자를

오늘도 아말렉과 싸운다

파멸시킨 장소'가 된 것입니다.

또한 '가드'는 이스라엘을 두려움에 떨게 하는 존재가 됩니다. 엘라 골짜기에서 40일 동안 하나님을 조롱하며 사울과 이스라엘 백성을 두려움에 떨게 만들었던 장수가 있었습니다.

> 블레셋 사람들의 진영에서 싸움을 돋우는 자가 왔는데
> 그의 이름은 골리앗이요 가드 사람이라 그의 키는 여섯
> 규빗 한 뼘이요 삼상 17:4

"여섯 규빗 한 뼘", 곧 약 3m 정도의 키를 가진 골리앗이라는 장수입니다. 성경은 그를 가드 사람이라고 소개합니다. 그렇다면 왜 골리앗이 등장하게 되었습니까? 이스라엘 백성이 가나안을 정복할 때 안일하게 남겨 놓았기 때문입니다. 그래서 골리앗이 나와 하나님을 저주하고 있습니다. 골리앗의 저주에 이스라엘 백성은 두려워서 벌벌 떨었습니다.

'아스돗'은 어떻습니까? 이곳은 훗날 하나님의 법궤를 빼앗기는 장소가 됩니다. 사무엘상 4장을 보면 이스

라엘이 블레셋과의 전쟁에서 대패합니다. 그런데 이스라엘이 패배의 이유를 엉뚱한 곳에서 찾습니다. 바로 법궤가 없기 때문이라는 것입니다. 그래서 실로에 있는 법궤를 전장에 가져옵니다. 법궤가 도착할 때 이스라엘 군사들은 기뻐하며 땅이 울릴 정도로 큰소리쳤습니다. 그러나 이후 블레셋과의 전쟁에서 법궤를 빼앗겨 버립니다. 이들은 법궤만 있으면 전쟁에서 승리할 줄 알았습니다. 이들은 법궤를 일종의 부적 정도로만 여겼습니다. 이스라엘 백성에게 법궤는 있었지만 정작 하나님의 임재가 없었기에 법궤를 빼앗긴 것입니다. 법궤를 빼앗은 블레셋은 이것을 어떻게 했을까요?

> 블레셋 사람들이 하나님의 궤를 빼앗아 가지고 에벤에셀에서부터 아스돗에 이르니라 삼상 5:1

아스돗은 블레셋의 신 다곤의 신전이 있던 곳입니다. 이처럼 이스라엘 백성이 아스돗을 진멸하지 않았기 때문에 작게 보인 그곳이 큰 요새가 되고, 이방신을 섬기는 곳이 되어 하나님의 법궤를 가두는 올무가 되

오늘도 아말렉과 싸운다

었습니다. 이처럼 하나님의 명령을 불순종하고 악한 모습을 남겨 놓는다면 훗날 이것이 우리에게 엄청난 가시가 되어 돌아올 것입니다.

열왕기상 18장을 보면, 엘리야가 갈멜산에서 바알과 아세라 우상을 섬기는 선지자 850명과 누가 참 신인지 대결하는 장면이 나옵니다. 여호와 하나님이 참 신임이 드러난 후, 엘리야는 바알과 아세라 선지자를 모두 끌어다가 기손 시내에서 죽입니다. 이들을 동정하며 몇 사람이라도 남겨둔다면 그것이 훗날 이스라엘 백성을 영적으로 넘어지게 하는 걸림돌이 될 것이기 때문입니다. 이같이 모세도 이스라엘 백성에게 아멜렉의 완전한 진멸을 요구하는 것입니다.

출애굽기 17장의 배경을 다시 생각해 봅시다. 이스라엘 백성이 르비딤에서 아말렉에게 공격받을 때 그들은 무엇을 하고 있었습니까? 모세와 다투고 있었습니다. 싸움의 대상을 잘못 정한 것입니다. 그래서 모세는 이스라엘 백성의 어리석은 모습을 스스로 회상하도록 명령하고 있는 것입니다.

"이스라엘 백성아! 싸움의 대상을 분명히 하라! 하나님이 아닌 아말렉과 싸우라!"

성도는 영화로운 날까지 이 땅에서 끊임없는 영적 전쟁을 감당해야 합니다. 특별히 우리 안에 있는 불신의 성향, 나의 옛 기질과 옛 자아와 치열하게 전쟁해야 합니다. 또한 전쟁 대상을 명확히 알아야 합니다.

철학자들은 이 시대를 가리켜 절대 진리를 상대적으로 여기는 포스트모더니즘을 넘어선 '포스트(post)-포스트모더니즘 시대'라고 말합니다. 이 시대는 자신을 신으로 여깁니다. 따라서 각자의 생각이 진리라고 주장합니다. '내가 하면 로맨스, 남이 하면 불륜'이라는 말처럼 다른 사람에게는 적대적인 감정을 가지지만 정작 자신에게는 관대합니다. 이러한 시대를 향해 예수님은 "어찌하여 형제의 눈 속에 있는 티는 보고 네 눈 속에 있는 들보는 깨닫지 못하느냐"(마 7:3)라고 경고하십니다. 그리고 이 모습에 "외식하는 자여"라고 부르시며, "먼저 네 눈 속에서 들보를 빼어라 그 후에야 밝히 보고 형제의 눈 속에서 티를 빼리라"고 가르치십니다(마 7:5).

오늘도 아말렉과 싸운다

믿음으로 내 속에 있는 아말렉과 전쟁을 선포하고 믿음으로 싸워 이겨 냅시다. 예수 그리스도의 좋은 군사로 고난조차 기꺼이 감당합시다. 그래서 젖과 꿀이 흐르는 가나안을 우리 것으로 붙잡읍시다.

삶의 주인을 바꾸라

아말렉과의 전쟁을 선포하는 것은 다른 면에서 주인을 바꾸는 것을 의미합니다. '아말렉과 싸우라'는 말은 '너의 주인을 바꾸라'는 뜻입니다. 앞서 살펴본 것처럼 하나님은 이스라엘 백성에게 아말렉을 진멸하라고 명령하십니다. 그 이유는 삶의 주인이 여호와가 되도록 하기 위해서입니다.

아말렉은 가만히 들어오는 적입니다. 나도 모르게 마음 깊은 곳에 주인처럼 자리 잡는 존재입니다. 따라서 아말렉이 우리 인생에 들어와 공격한다면 우리의 참주인이신 하나님은 아마도 손님 취급을 받게 될 것입니다.

이스라엘 백성이 치른 아말렉과의 전쟁은 결코 쉽

chapter 4.　　당신, 누구와 싸우는가

지 않았습니다. 아마도 이스라엘 백성은 힘겨운 전쟁을 감당하고 있었기 때문에 칼을 잡은 손이 심하게 떨렸을 것입니다. 그러나 이미 전쟁은 하나님께 속해 있었기 때문에 이들의 수고가 씨앗이 되어 아말렉을 무찌르게 됩니다(출 17:13). 아말렉과의 전쟁에서 승리한 이스라엘 백성은 이후 무엇을 했을까요? 모세가 취한 행동에 주목할 필요가 있습니다.

모세가 제단을 쌓고 그 이름을 여호와 닛시라 하고 출 17:15

모세는 제단을 쌓았습니다. 히브리어 성경을 보면 단순한 의무감으로 한 것이 아닌 적극적인 태도로 제단을 쌓았다는 것을 알 수 있습니다. 이윽고 모세가 제단을 쌓은 후 이것을 "여호와 닛시"라고 명명합니다. '닛시'는 '나의 깃발, 나의 군기'라는 뜻입니다. 그러므로 '여호와 닛시'는 '여호와는 나의 깃발, 나의 군기'라는 고백입니다. 그렇다면 이러한 고백을 드리는 이유는 무엇일까요? 크게 두 가지로 볼 수 있습니다.

오늘도 아말렉과 싸운다

첫째, 아말렉과의 전쟁에서 승리한 이유는 하나님의 능력 때문이라고 그들의 신앙을 드러내기 위함이고, 둘째, 하나님이 앞으로도 함께하시는 깃발이 되셔서 어떤 전쟁에서도 승리하게 하실 것이라고 선언하기 위해서입니다.

따라서 모세는 모든 이스라엘 백성이 보는 앞에서 제단을 쌓으며 아말렉을 진멸시키신 하나님이 이스라엘의 진정한 주인임을 드러내고 있는 것입니다. 이같이 아말렉을 진멸하는 일은 단순히 적을 무찌르는 수준이 아닙니다. 나를 다스리는 주인을 바꾸는 중요한 일입니다.

이런 의미에서 여러분에게 질문합니다.

"현재 여러분의 삶을 이끌어 가는 주인은 누구입니까?"

조금 더 구체적으로 질문합니다.

"오늘 하루, 여러분을 사로잡은 것은 무엇입니까? 아말렉입니까, 하나님입니까?"

조금 더 쉽게 질문하겠습니다.

"하나님은 여러분의 주인이십니까, 손님이십니까?"

chapter 4. 당신, 누구와 싸우는가

만일 내가 주인이라고 여기면 내 마음대로 말하고 행동할 것입니다. 기분에 따라 남을 판단하며 살 것입니다. 그러나 하나님이 주인이라고 믿는다면 우리의 옛 기질과 옛 자아가 주의 은혜로 눌렸을 것이고, 악한 생각이 멈춰졌을 것입니다.

이 부분에서 신앙의 역설이 생깁니다. 여러분은 분주한 세상살이 속에서도 자기 안에 있는 아말렉을 지우기 위해 지금 이 글을 보고 있습니다. 그 사실만으로도 여러분의 마음속 깊은 곳에 이미 하나님을 향한 믿음이 있다는 것을 스스로 증명한 셈입니다. 이처럼 성도는 어디에나 계신 하나님이 나와 함께하시고, 내 삶의 전 영역을 다스리신다는 것을 믿습니다. 그런데 역설적이게도 이 글을 보고 있다는 것은 다른 의미에서 여전히 내 안에 아말렉이 있다는 것을 인정하는 셈입니다.

바로 이 문제 때문에 많은 성도가 신앙생활을 하며 힘들어합니다. 하나님을 믿는다고 고백하지만 여전히 삶의 자리에서는 아말렉이 주인 되어 흔들리는 삶을 삽니다. 그리고 흔들리는 자신의 모습을 보며 '과연 나

오늘도 아말렉과 싸운다

는 하나님을 믿는 사람인가?' 스스로를 정죄하며 힘쓸 니다. 따라서 모세는 흔들리는 우리에게 가만히 들어 와 주인 행세하려는 아말렉을 삶의 영역 밖으로 쫓아 내고 하나님을 보좌에 모시라고 명령하고 있는 것입니다.

신앙생활을 하다 보면 종종 이런 착각에 빠집니다. 특정할 수는 없지만 '하나님이 내 삶 어딘가에만 계셔 도 되겠지'라는 생각을 하는 것입니다. 그러면서 자신 에게 막연한 위로를 던집니다. 이런 사람들의 특징이 있습니다. 겉으로는 흠잡을 데 없이 고상하게 보입니 다. 정제된 말과 행동을 하는 것처럼 여겨집니다. 마치 천사처럼 보입니다. 그런데 정작 이런 사람들이 가는 곳마다 문제가 생깁니다. 관계에 금이 가고 갈등이 생 깁니다. "주여! 주여" 하면서 거룩한 척 말하지만 정작 능력은 드러나지 않습니다.

요한계시록 2-3장은 소아시아 일곱 교회들에게 보 내는 편지가 기록되어 있습니다. 그중에서 마지막으로 소개하고 있는 라오디게아 교회는 어떤 내용의 편지

chapter 4.   당신, 누구와 싸우는가

를 받았습니까?

> 라오디게아 교회의 사자에게 편지하라 아멘이시요 충
> 성되고 참된 증인이시요 하나님의 창조의 근본이신 이
> 가 이르시되 내가 네 행위를 아노니 네가 차지도 아니
> 하고 뜨겁지도 아니하도다 네가 차든지 뜨겁든지 하기
> 를 원하노라 네가 이같이 미지근하여 뜨겁지도 아니하
> 고 차지도 아니하니 내 입에서 너를 토하여 버리리라 계
> 3:14-16

당시 라오디게아는 교통의 요충지로 경제적으로 풍
요를 누렸던 지역이었습니다. 그러나 라오디게아 교회
에 문제가 있었습니다. 바로 "차지도 아니하고 뜨겁지
도 아니한" 교회의 영적 문제였습니다.

라오디게아를 향한 예수님의 비유적 경고는 그 지
역의 상황과 너무 적절하게 맞았습니다. 라오디게아
지역은 물 사정이 좋지 않았습니다. 그래서 약 16km
떨어진 골로새로부터 냉수를 공급 받았습니다. 또한
인접한 히에라볼리에는 온천수가 나와 라오디게아에

오늘도 아말렉과 싸운다

흘렀습니다. 그러므로 냉수와 온수가 라오디게아에서 만나게 된 것입니다. 라오디게아 성도의 영적 상태가 바로 이와 같았습니다.

이들은 겉으로 보기엔 그리스도를 대적하는 삶을 살지 않았습니다. 이것만 본다면 문제가 없어 보입니다. 그러나 라오디게아 성도들은 하나님을 향한 열심이 없었습니다. 뿐만 아니라 영적으로도 아무런 영향력을 드러내지 못했습니다. 이들은 그리스도를 향한 뜨거운 열정을 소유하지 못했습니다. 말 그대로 미지근한 영적 상태였던 것입니다. 성도라는 이름은 가졌지만, 하나님의 말씀과 그리스도의 능력에 대해서는 무관심했습니다. 참으로 무익하고, 무기력한 영적 상태였던 것입니다. 그래서 심판주로 오실 예수 그리스도로부터 책망을 받았습니다.

따라서 라오디게아 성도들에게 "차든지 뜨겁든지 하기를 원하노라" 하는 요구는 반드시 둘 중에 하나를 선택하라는 의미와 함께 차지도 않고 뜨겁지도 않은 중간 상태를 택하는 이들의 '미지근한 영적 상태'를 신랄하게 책망하고 있는 것입니다.

chapter 4.   당신, 누구와 싸우는가

골로새에서 공급받은 냉수와 히에라볼리에서 흘러 온 온천수가 섞인 물은 미지근하여 식수로 사용하기에 부적합했습니다. 그때마다 라오디게아 사람들은 그 물을 토해 버렸습니다. 라오디게아 사람들이 미지근한 물을 토하듯이 주님은 미지근한 영적 상태에 머물러 있는 라오디게아 성도를 거부하고 버리겠다고 책망하시는 것입니다.

또한 라오디게아 교회를 향해 무엇을 책망하시나요?

> 네가 말하기를 나는 부자라 부요하여 부족한 것이 없다 하나 네 곤고한 것과 가련한 것과 가난한 것과 눈먼 것 과 벌거벗은 것을 알지 못하는도다 계 3:17

라오디게아 지역은 부유했습니다. 스스로 '부족한 것이 없이 부요한 부자'라 자랑했습니다. 여기서 '부요하다'에 해당하는 헬라어 동사 '페플루테카'(πεπλούτηκα)는 현재완료형으로 '부족함 없이 완벽하고 부요한 상태에 도달했다'는 의미입니다. 겉으로 보기에 모든 것이 완벽했다는 것입니다.

오늘도 아말렉과 싸운다

그러나 라오디게아 성도에게 큰 부족함이 있었습니다. 자신에게 영적인 병이 있음을 발견하지 못한 것입니다. 이들의 병은 두 가지로 정리할 수 있습니다. 하나는 전쟁으로 모든 것이 파괴당한 것처럼 곤고한 영적 상태였다는 것입니다. 그리고 다른 하나는 물질적으로는 부유했을지 몰라도 영적으로는 가난했고, 눈멀었으며, 헐벗은 상황이었다는 것입니다. 그러나 이들은 영적 분별력을 잃었기 때문에 상황이 이처럼 심각했음에도 불구하고 스스로 부요하다고 착각하며 살았습니다. 바로 세상이 주는 풍요로움이 아말렉이 되어 그들을 흔들었기 때문입니다.

심판주로 오실 예수 그리스도는 이들에게 무엇을 말씀하실까요?

무릇 내가 사랑하는 자를 책망하여 징계하노니 그러므로 네가 열심을 내라 회개하라 계 3:19

"책망"이란 '말로 교훈하고 다스리는 것'을 의미하며(눅 3:19; 딤전 5:20), "징계"란 책망한 말이 '구체적인 형

태로 나타나는 행동'을 의미합니다(히 12:5-7). 물질의 풍요라는 아말렉이 라오디게아 성도의 주인이 되어 그들을 영적 무지에 빠뜨렸기 때문에 우리 주님이 책망과 징계를 하고 있는 것입니다. 그런데 주님이 하시는 책망과 징계 속에 따뜻한 사랑이 느껴집니다. "사랑하는 자"를 향한 책망과 징계이기 때문입니다. 분노에 찬 행동이 아니라 사랑의 근본이신 주님이 자신의 사랑에 기대어 책망과 징계를 하는 것입니다.

주님의 책망과 징계는 무엇입니까? '열심을 내고 회개하라'입니다. 여기에 두 가지 명령이 들어 있습니다. 먼저, '열심을 내라'는 명령은 헬라어 '젤로손'(ζήλωσον)인데, 이것은 현재의 의미를 가집니다. 그리고 '회개하라'는 명령은 헬라어 '메타노에손'(μετανόησον)인데, 이것은 지속의 의미가 있습니다. 이처럼 한 어구에 다른 시제가 쓰이고 있습니다. 이러한 시제의 변화는 '지금! 이 자리에서! 회개를 결단하고, 흔들리지 않도록 지속적으로 열심을 내라'는 하나님의 뜻을 우리에게 가르칩니다.

오늘도 아말렉과 싸운다

볼지어다 내가 문 밖에 서서 두드리노니 누구든지 내 음성을 듣고 문을 열면 내가 그에게로 들어가 그와 더불어 먹고 그는 나와 더불어 먹으리라 계 3:20

주님은 자신의 사랑으로 택한 백성과 친밀하게 교제하기를 원하십니다. 단순한 인사치레가 아닌 깊은 교제를 갈망하십니다. 이러한 갈망이 얼마나 간절한지 주님이 저와 여러분의 인생 문밖에 이미 서 계신다고 말씀하십니다. 그리고 지속적으로 우리의 마음을 두드리고 계신다고 하십니다. 여전히 아말렉을 주인 삼아 세상이 이끄는 대로 끌려가는 인생을 살아가고 있는 우리이지만 그럼에도 사랑하시기에 포기하지 않으시고 지금 이 시간에도 우리에게 찾아와 인생의 문을 두드리고 계십니다. 우리 인생의 주인이 되기를 원하시기에, 그것이 참영생을 누리는 길이기에 끊임없이 우리를 초청하십니다. 우리를 포기하지 않으시는 하나님을 인생의 주인으로 모십시오. 그분과 더불어 친밀한 교제를 나누십시오. 이 땅에서 진정한 행복을 누리게 될 것입니다.

하나님을 주인으로 모신다는 것은 삶의 전 영역 중 어느 한 부분에만 모신다는 뜻이 아닙니다. 나의 삶 전 영역에서, 전인격으로 주인이신 하나님께 통치받는 것을 즐겨하는 것을 뜻합니다. 만일 자신을 인생의 주인으로 삼는다면 끝없이 흔들리는 삶을 살게 될 것입니다. 우리의 생각과 행동은 상황과 감정에 따라 시시각각 달라지고, 쉽게 오판할 수 있기 때문입니다. 내 얼굴은 항상 그대로인데 기분에 따라 예뻐 보이기도 하고, 미워 보이기도 하는 것처럼 말입니다. 이게 우리입니다.

아말렉이 주인이 되면 삶의 기준이 무너지고 맙니다. 이리 엎어지고, 저리 엎어집니다. 그러나 하나님이 마음의 주인이 되시면 항상 바른길을 걸을 수 있습니다.

> 너희의 구속자시요 이스라엘의 거룩하신 이이신 여호와께서 이르시되 나는 네게 유익하도록 가르치고 너를 마땅히 행할 길로 인도하는 네 하나님 여호와라 사 48:17

천국 비유의 말씀이 많이 기록되어 흔히 '천국장'이라 불리는 마태복음 13장을 보면, 어떤 사람이 밭에 감추인 보화를 발견하는 비유가 나옵니다. 보화를 발견한 사람은 누군가가 먼저 가져갈까 봐 보화를 숨겨 두고 집에 돌아갑니다. 그러고는 그의 소유를 다 팔아 그 밭을 삽니다. 그는 그 밭을 사면서 기뻐했습니다(마 13:44). 밭에 감추인 보화가 자기의 모든 소유보다 더 값지다는 것을 알았기 때문입니다. 그래서 아까워하지 않고 자신의 모든 것을 팔아 그 밭을 산 것입니다. 그다음에 이어지는 비유도 이와 비슷합니다. 어떤 사람이 값진 진주를 발견하고 그것을 사기 위해 자기 소유를 다 팝니다. 이게 천국의 가치요, 예수의 가치입니다. 성도라면 참가치를 알고 그것을 나의 소유로 삼아야 합니다.

나눔의 끝자락에서 하나님이 우리를 향해 이렇게 질문하십니다.

"너의 모든 것과 나를 바꿀 수 있겠느냐?"

예수님을 주인으로 모시며 살고 있습니까? 주인이 싫어하신다면 나도 싫어야 하고, 주인이 좋아하신다면 나도 좋아야 합니다. 주인이 하라 하시면 나는 그것을 행하면 되고, 주인이 하지 말라 하시면 하지 않으면 됩니다. 내 삶을 주인 삼으려는 아말렉과 싸우십시오. 이를 통해 내 삶의 주인을 하나님으로 바꾸십시오.

사도 바울의 고백을 들어보십시오.

> 내가 그리스도와 함께 십자가에 못 박혔나니 그런즉 이제는 내가 사는 것이 아니요 오직 내 안에 그리스도께서 사시는 것이라 이제 내가 육체 가운데 사는 것은 나를 사랑하사 나를 위하여 자기 자신을 버리신 하나님의 아들을 믿는 믿음 안에서 사는 것이라 갈 2:20

이 고백을 간단하게 요약하면 이렇습니다. "내 안에 있는 아말렉을 죽였다. 이제 내 속에는 나를 사랑하시는 예수님이 사신다. 난 주인을 바꿨다. 예수께서 내 심령 가운데 계신다." 그래서 바울은 "나는 날마다 죽노라"(고전 15:31)고 고백합니다. 이것은 내 안에 가만히 들어와 주인 되려고 하는 아말렉과 끊임없이 싸워 몰아낸다는 것입니다.

그러니 오늘도 아말렉과 싸우십시오. 그리고 내 삶에서 몰아내십시오. 내일도 동일한 영적 싸움을 친히 감

오늘도 아말렉과 싸운다

당하십시오. "아말렉! 너는 내 주인이 아니야. 너는 결코 주인이 될 수 없어. 하나님이 주인이셔! 나의 옛 자아는 예수님이 십자가에서 죽으실 때 함께 죽었어!"라고 당당히 믿음으로 선포하십시오. 싸울 대상을 바르게 알고 싸워야 합니다. 뒤로 물러서지 말아야 합니다. 당당히 맞서 싸워야 합니다.

이 전쟁은 이미 승리가 예정되었습니다. 하나님이 이미 승리하셨기 때문입니다. 승리하시는 하나님이 우리와 함께하시기 때문입니다.

> 예수께서 대답하여 이르시되 사람이 나를 사랑하면 내 말을 지키리니 내 아버지께서 그를 사랑하실 것이요 우리가 그에게 가서 거처를 그와 함께하리라 요 14:23

"저 사람을 봐. 어떻게 사람이 저렇게 변했지? 저 사람을 보면 정말 하나님이 살아계시는 것 같아."

만일 주변 사람들이 우리의 모습을 보며 이렇게 말한다면 기분이 어떨까요? 이 이야기를 우리 이야기로 바꾸면 이렇게 말할 수 있을 것입니다.

"저 사람, 전에는 아말렉이 살아서 뒤흔들더니, 이제야 아말렉을 죽였네."

주변 사람들이 우리 모습을 보며 이러한 고백을 하게 되는 날이 속히 오기를 바랍니다. 끊임없이 아말렉과 싸우며 하나님을 주인으로 모신다면 가나안의 삶을 누리게 될 것입니다.

✎ 아말렉과 나의 전쟁이 여호와께 속한 싸움임을 믿습니까? 디모데후서 2
  장 3절을 읽고 오늘 내가 싸워야 할 아말렉은 무엇인가 생각해 봅시다.

✎ 내가 간과하고 있는 대적(가사, 가드, 아스돗)의 공격은 무엇인가요?

✎ 오늘 하루, 나를 사로잡고 있는 것은 무엇입니까? 하나님입니까, 아말렉입
  니까?

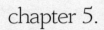
chapter 5.

승리의 비결, 하나님께 있다

나의 아말렉을 직면하라

아말렉과의 전쟁은 쉽지 않습니다. 그러나 우리 인생에서 굉장히 비중 있는 전쟁입니다. 아말렉과의 전쟁에 우리가 누리는 현재의 복이 달려 있고, 우리가 누리게 될 미래가 달려 있습니다. 그러므로 아말렉과의 전쟁은 한판승으로 쉽게 해결되는 싸움이 아닙니다. 그래서 이스라엘 백성이 가나안 땅에 입성하기 전 모세는 아말렉과의 전쟁을 상기시키며 앞으로 어떤 태도로 정복 전쟁에 임해야 할 것인가를 자세히 가르치고 있습니다.

출애굽기 17장 9절 말씀을 다시 봅시다.

모세가 여호수아에게 이르되 우리를 위하여 사람들을

택하여 나가서 아말렉과 싸우라 내일 내가 하나님의 지
팡이를 손에 잡고 산꼭대기에 서리라

모세는 아말렉과의 전쟁을 위해 이스라엘 백성 중
전쟁에 나갈 사람들을 선택했습니다. 손쉽게 이길 수
있는 전쟁이 아니기 때문입니다. 이와 마찬가지로 우
리도 아말렉과의 전쟁에서 승리하기 위해 투자해야
합니다. 세상에서 인정받기 위해 사용하던 인생의 에
너지를 아말렉과의 전쟁에 쏟아부어야 합니다. 내 시
간과 열정, 소중한 것을 투자해서라도 아말렉과 전쟁
해야 합니다. 아말렉과의 전쟁은 중요합니다. 승리를
위해 마땅히 투자해야 할 전쟁입니다.

전쟁에 나갈 사람들을 선택한 모세는 이들을 전쟁
에 투입하면서 "나가서 싸우라"고 명령합니다. 적극적
인 공세를 펼치라고 명령한 것입니다. 이것을 통해 이
전쟁의 또 다른 특징을 알 수 있습니다. 곧 아말렉과
의 전쟁은 단순하게 적의 공격을 수동적으로 방어하
는 수준이 아니라 적극적으로 공격해야 하는 능동적
인 전쟁입니다.

아말렉의 존재를 생각할 때마다 이들의 뿌리인 에서를 생각하지 않을 수 없습니다. 에서를 생각하면 안타까운 점이 참 많습니다. 하나님의 약속을 이어받을 장자로 태어났지만, 배고픔을 참지 못하고 스스로 장자의 권한을 포기했습니다. 이것은 단순히 육체의 욕망을 이기지 못한 문제가 아닙니다. 그가 하나님의 약속을 경시했음을 의미합니다.

장자권의 상실은 현재의 축복권이 상실되었다는 뜻입니다. 그래서 에서는 현재 장자로서 누리고 소유할 수 있는 복을 놓쳐 버리게 되었습니다. 현재 누리는 복의 상실은 미래에 주어질 영광의 상실로 연결됩니다. 하나님은 장자의 혈통을 통해 구원자인 메시아를 예비하셨습니다. 그러나 에서가 장자의 권한을 포기함으로써 메시아의 가문을 이룰 수 있는 영광을 상실하고 만 것입니다. 그로 인해 현재 누리는 복도, 미래에 누릴 영광도 놓쳐 버렸습니다.

무엇 때문입니까? 자기 속에 숨어 있는 아말렉의 기질인 옛 자아를 다루지 못해서입니다. 따라서 성경은 우리에게 이렇게 가르칩니다.

오늘도 아말렉과 싸운다

육체의 소욕은 성령을 거스르고 성령은 육체를 거스르
나니 이 둘이 서로 대적함으로 너희가 원하는 것을 하
지 못하게 하려 함이니라 갈 5:17

우리는 하나님을 사랑합니다. 그래서 마음으로 항
상 바른 삶을 꿈꿉니다. 예수님을 닮고 싶은 열망도 가
지고 있습니다. 이처럼 우리는 마음으로 하나님께 영
광을 돌리며 그분의 기쁨이 되는 인생을 살기 원합니
다. 그러나 정작 우리의 삶은 마음이 원하는 것을 얻지
못합니다. 그 이유는 육체의 소욕, 옛 자아, 부정적인
성향과 같은 아말렉의 기질이 우리가 원하는 것을 얻
지 못하도록 만들어 버리기 때문입니다. 따라서 성경
은 아말렉을 다루는 것이 성도에게 얼마나 중요한가
를 계속 가르치고 있습니다.

이스라엘 백성은 약속의 땅 가나안 입성 전에 아말
렉에 대한 기억을 완전히 지우도록 명령을 받습니다.
우리가 젖과 꿀이 흐르는 가나안을 누리기 위해 '내면
다잡기'를 해야 합니다. 우리 속에 있는 아말렉을 무찔
러 자신을 하나님의 것으로 만들 때, 우리는 하나님께

서 우릴 통해 꿈꾸시는 것들을 움켜쥘 수 있습니다.

우리는 사람들의 시선을 의식하여 외모를 꾸미는 일에 관심을 갖습니다. 남성들은 멋진 근육을 만들기 위해서 수고를 아끼지 않고, 여성들은 피부를 곱게 가꾸려고 많은 투자를 합니다. 물론 더 예뻐지고, 멋있어지기 위한 수고는 나름대로 의미 있습니다. 그러나 사도 바울은 우리에게 이렇게 권면합니다.

> 육체의 연단은 약간의 유익이 있으나 경건은 범사에 유익하니 금생과 내생에 약속이 있느니라 딤전 4:8

겉모습을 아무리 아름답게 꾸며도 우리 내면에 평화가 없다면 수고한 노력이 빛을 보지 못할 것입니다. 빛 좋은 개살구처럼 아무리 겉을 번지르르하게 다듬고 포장한다고 해도 속이 썩어 있다면, 쓸모없습니다. 마찬가지로 미래를 꿈꾸고, 그것을 이루기 위해 계획을 세우는 것도 필요하지만 내 안에 일어나는 아말렉과의 전쟁을 소홀히 한다면, 그 모든 수고는 물거품처

오늘도 아말렉과 싸운다

럼 헛될 것입니다. 그래서 하나님을 믿는 성도라면 반드시 아말렉과의 전쟁을 감당해야 합니다.

아말렉과의 전쟁을 감당해야 할 또 다른 이유가 있습니다.

> 바로가 백성을 보낸 후에 블레셋 사람의 땅의 길은 가까울지라도 하나님이 그들을 그 길로 인도하지 아니하셨으니 이는 하나님이 말씀하시기를 이 백성이 전쟁을 하게 되면 마음을 돌이켜 애굽으로 돌아갈까 하셨음이라 출 13:17

"바로가 백성을 보낸 후에"라는 것은 출애굽, 즉 이스라엘 백성이 이집트에서 나온 것을 말합니다. 그런데 성경은 이스라엘 백성이 이집트에서 나온 것이 아닌 이집트 바로가 백성을 보냈었다고 기록하고 있습니다. 이것은 무엇을 의미할까요?

당시 패권을 쥐고 있던 바로의 마음을 하나님이 돌이켜 이스라엘 백성을 보내게 하셨다는 것입니다. 이스라엘 백성의 힘으로 이집트에서 나온 것이 아니라 하나님의 능력으로 이집트에서 나오게 되었습니다.

그 이후 이스라엘의 행보는 어떻게 되었나요? 우리가 목적지에 빨리 가기 위해서 내비게이션을 켜고 가장 가까운 길을 찾듯이, 약속의 땅 가나안으로 가는 가장 가까운 길은 블레셋 사람이 거주하는 땅을 통과하는 것이었습니다. 그러나 하나님은 이스라엘 백성을 그 길로 인도하지 않으셨습니다. 왜냐하면 그 길을 가는 동안 블레셋과 전쟁을 해야 했기 때문입니다. 이집트에서 종살이만 했던 이스라엘 백성이 전쟁을 두려워하며 스스로 마음을 돌이켜 다시 이집트로 돌아갈 것을 아셨기에 블레셋 사람이 거주하는 땅의 길을 막으셨습니다. 그리고 하나님은 시내 광야 쪽으로 이스라엘 백성을 인도하셨습니다. 이스라엘 백성이 광야를 행진하면서 르비딤에 도착하고 그곳에서 아말렉을 만납니다.

참으로 이상하지 않습니까? 블레셋과의 전쟁을 피하기 위해 하나님이 인도하신 곳이 르비딤인데 그곳에서 아말렉과 전쟁을 하게 되었다니 말입니다. 이것

오늘도 아말렉과 싸운다

은 무엇을 의미할까요? 하나님은 이스라엘 백성이 블레셋이 아닌 아말렉과 전쟁하기를 원하셨다는 뜻입니다. 블레셋과의 전쟁은 피할 수 있지만, 아말렉과의 전쟁은 피할 수 없다는 것을 알려 주기 위해 하나님이 붙이신 전쟁인 것입니다. 앞서 살폈듯이 아말렉과의 전쟁은 이스라엘 백성만 참여하는 전쟁이 아닙니다. 이들은 전쟁을 위해 단 한 번도 훈련받지 않은 오합지졸이었습니다. 하지만 아말렉과의 전쟁은 하나님이 싸우시는 전쟁이었기 때문에 이스라엘 백성이 감당해야 했습니다.

여러분, 하나님은 우리가 아말렉과의 전쟁에 담대하게 나가 싸우기를 원하십니다. 블레셋과의 전쟁은 피할 수 있어도 아말렉과의 전쟁은 피하지 말고 직면하라고 말씀하십니다. 하나님이 친히 우리를 이끌어 아말렉과 전쟁을 붙이십니다. 우리를 전장으로 이끄시며 이 전쟁은 단기간에 끝날 것이 아니라고 알려 주십니다.

성도가 아말렉과의 전쟁에서 이기기 위해서는 전략이 필요합니다. 그 전략은 바로 하나님의 도움을 받는 것입니다. 그럴 때 전쟁에서 승리할 수 있습니다.

하나님의 도움을 받으며 아말렉과의 전쟁에서 승리
할 수 있는 비결을 함께 나누도록 하겠습니다.

하나님이 주신 지팡이를 잡으라

아말렉과 전쟁을 할 때 우리는 "하나님의 지팡이"
를 손에 잡아야 합니다. 이스라엘 백성이 아말렉과의
전쟁을 감당하기 위해서는 칼을 잡아야 했습니다(출
17:13). 그러나 성경은 칼을 잡고 잘 사용하면 이길 수
있는 전쟁이라고 가르치지 않습니다. 오히려 하나님
의 지팡이를 손에 잡아야 이길 수 있는 전쟁이라고 가
르칩니다. 여기서 주의 깊게 봐야 할 단어가 있습니다.
모세의 손에 들린 지팡이를 평범한 지팡이가 아닌 "하
나님의 지팡이"라고 표현하고 있는 것입니다.

> 모세가 여호수아에게 이르되 우리를 위하여 사람들을
> 택하여 나가서 아말렉과 싸우라 내일 내가 하나님의 지
> 팡이를 손에 잡고 산꼭대기에 서리라 출 17:9

오늘도 아말렉과 싸운다

모세는 이스라엘 백성을 이끄는 지도자였습니다. 따라서 여타의 지도자처럼 병사들의 사기를 높이기 위해 전쟁의 선봉에 서서 전장을 진두지휘했어야 합니다. 그런데 모세는 전투 현장에 가지 않고 오히려 하나님의 지팡이를 손에 잡고 산꼭대기로 올라갔습니다. 상식적으로 모세의 행동이 이해됩니까? 백성을 버리고 도망가려는 나약한 지도자처럼 보이지 않습니까? 더욱이 "내가 하나님의 지팡이를 손에 잡고 산꼭대기에 서리라"는 말을 할 필요가 있었을까요? 모세가 전쟁의 선봉에 서게 될 여호수아에게 한 이 말에 의미가 있다면 도대체 무엇일까요? 우리는 모세의 손에 들려 있는 지팡이, 곧 하나님의 지팡이에 관해 생각해 볼 필요가 있습니다.

모세의 지팡이는 처음부터 하나님의 지팡이가 아니었습니다. 원래는 평범한 모세의 지팡이였습니다. 모세가 이집트 왕자의 신분을 벗어 버리고 이집트와 가나안의 중간 지대인 미디안으로 피신하며 살았을 때 하나님이 모세를 만나십니다. 출애굽기 3장 4절입니다.

여호와께서 그가 보려고 돌이켜 오는 것을 보신지라 하
나님이 떨기나무 가운데서 그를 불러 이르시되 모세야
모세야 하시매 그가 이르되 내가 여기 있나이다

하나님의 산 호렙에서 모세는 하나님을 만났습니
다. 불이 붙었지만 타지 않던 떨기나무 가운데에서 하
나님이 모세를 부르셨습니다. 그리고 이집트에서 종살
이하던 이스라엘 백성을 모세를 통해 구원하시겠다고
말씀하셨습니다. 그러나 모세는 하나님의 명령을 부담
스럽게 여겼습니다.

모세가 대답하여 이르되 그러나 그들이 나를 믿지 아니
하며 내 말을 듣지 아니하고 이르기를 여호와께서 네게
나타나지 아니하셨다 하리이다 출 4:1

모세는 이스라엘 백성이 자신의 말을 믿지 않고, 듣
지도 않을까 걱정했습니다. 그러나 모세의 문제는 이
것이 아니었습니다. 하나님이 모세에게 사명을 주시며
"그들이 네 말을 들으리니"(출 3:18)라고 이미 약속하셨

오늘도 아말렉과 싸운다

음에도 불구하고, 그 말씀을 믿지 못한 모세의 의심이 더 큰 문제였습니다. 따라서 하나님은 모세를 향해 다시 말씀하십니다.

> 여호와께서 그에게 이르시되 네 손에 있는 것이 무엇이냐 그가 이르되 지팡이니이다 출 4:2

거절에 대한 상처, 좌절과 낙담에 익숙하던 모세에게 하나님이 질문하십니다. "네 손에 있는 것이 무엇이냐?" 그동안 자신의 약한 모습만 주목하던 모세가 손에 쥐고 있던 지팡이로 시선을 옮깁니다. 초라하기 짝이 없는 평범한 지팡이를 봅니다. 모세의 손에 들려 있는 지팡이는 목자들이 들판에서 양을 치기 위해 사용하던 보편적이고 일반적인 지팡이였습니다.

하나님은 모세에게 손에 들린 지팡이를 땅에 던지라고 명령하십니다.

> 여호와께서 이르시되 그것을 땅에 던지라 하시매 곧 땅에 던지니 그것이 뱀이 된지라 모세가 뱀 앞에서 피

모세가 하나님의 명령에 순종하여 지팡이를 땅에
던졌더니 뱀이 되었습니다. 평범한 막대기가 살아있는
생물이 된 것입니다. 전혀 예상치 못한 광경을 목격한
모세는 깜짝 놀라 피합니다.

이때 하나님이 모세에게 다시 명령하십니다.

> 여호와께서 모세에게 이르시되 네 손을 내밀어 그 꼬리
> 를 잡으라 그가 손을 내밀어 그것을 잡으니 그의 손에
> 서 지팡이가 된지라 출 4:4

하나님은 모세에게 두 가지 명령을 내리십니다. 하
나는 "내밀라"이고, 다른 하나는 "잡으라"입니다. 이것
은 무엇을 의미할까요? 불가능한 상황에서 하나님의
명령에 순종하라는 것입니다. 생각해 보십시오. 모세
는 뱀을 보고 피했습니다. 두려웠기 때문입니다. 그런
데 하나님이 모세에게 뱀을 향해 손을 "내밀라"고 명
령하십니다. 두려움을 이기는 순종을 요구하신 것입니

다. 또한 뱀의 꼬리를 "잡으라"고 명령하십니다. 뱀은
목을 잡아야 물리지 않고 제압할 수 있습니다. 뱀의 꼬
리를 잡으면, 물리거나 오히려 제압당할 수 있습니다.
그러니 꼬리를 잡으라는 하나님의 명령은 잘 이해되
지 않습니다.

이처럼 불가능한 상황에서 순종의 명령을 받은 모
세는 어떻게 반응합니까? 그는 손을 내밀어 그것을 잡
았습니다. 자신의 경험과 상식으로는 도저히 받아들이
기 어렵지만, 하나님이 명령하셨기 때문에 믿음으로
순종합니다. 그랬더니 살아있던 뱀이 지팡이가 되었습
니다. 특별히 모세의 순종을 강조하기 위해 "그의 손에
서" 지팡이가 되었다고 기록합니다.

모세의 순종을 통해 하나님은 모세에게 뱀처럼 교
활한 이집트 세력을 이길 힘을 주셨고, 이집트 세력이
아무리 강하다 할지라도 하나님과 함께하는 모세 앞
에서 아무런 힘도 드러낼 수 없다는 것을 보여 주셨습
니다.

이러한 놀라운 사건 이후 하나님이 모세에게 마지
막으로 명령합니다.

너는 이 지팡이를 손에 잡고 이것으로 이적을 행할지니라

출 4:17

모세의 평범한 지팡이가 '이적을 행하는 지팡이'가
됩니다. 모세는 이전에 양을 치던 평범한 목동의 지팡
이를 손에 잡았지만 하나님의 명령에 순종한 후에는
상상할 수 없는 이적을 행하는 지팡이를 손에 쥐게 되
었습니다. 모세는 이적의 지팡이를 손에 잡고 하나님
이 보내신 자리로 떠나기 위해 그의 장인 이드로와 작
별 인사를 나눕니다. 성경은 이때 모세의 손에 들린 지
팡이를 다르게 표현합니다.

모세가 그의 아내와 아들들을 나귀에 태우고 애굽으로 돌
아가는데 모세가 하나님의 지팡이를 손에 잡았더라 출4:20

모세의 지팡이를 "하나님의 지팡이"라 칭하고 있습
니다. 곧 하나님의 사명에 순종하기 위해 발걸음을 내
디딜 때 모세의 손에 쥐어진 지팡이는 평범한 목자의
지팡이가 아니라. 하나님이 이적을 베푸시는 "하나님

오늘도 아말렉과 싸운다

의 지팡이"가 된 것입니다. 따라서 모세가 하나님의 지팡이를 손에 잡고 이집트를 향해 떠났다는 것은 하나님의 능력에 온전히 사로잡혔음을 의미합니다. 그는 하나님의 지팡이를 손에 쥐기 전까지 자기 자신을 신뢰했습니다. 그래서 하나님의 명령에 "할 수 없다"고 말했습니다. 그러나 하나님의 지팡이를 손에 잡자 "할 수 있다"로 변하게 되었습니다.

모세는 하나님의 지팡이를 손에 쥐고 이집트로 가 그곳에서 수많은 기적을 나타냈습니다. 모세의 손에 하나님의 지팡이가 있었기 때문입니다. 출애굽기 7장부터 10장까지는 이집트에 내린 하나님의 열 가지 재앙이 기록되어 있습니다. 이것들은 어떻게 일어나게 되었을까요?

… 바로와 그의 신하의 목전에서 지팡이를 들어 나일 강을 치니 그 물이 다 피로 변하고 출 7:20

… 네 지팡이를 잡고 네 팔을 강들과 운하들과 못 위에 펴서 개구리들이 애굽 땅에 올라오게 하라 할지니라 출 8:5

… 지팡이를 잡고 손을 들어 땅의 티끌을 치매 애굽 온 땅의 티끌이 다 이가 되어 사람과 가축에게 오르니 출 8:17

모세가 하늘을 향하여 지팡이를 들매 여호와께서 우렛소리와 우박을 보내시고 불을 내려 땅에 달리게 하시니라… 출 9:23

모세가 애굽 땅 위에 그 지팡이를 들매 여호와께서 동풍을 일으켜 온 낮과 온 밤에 불게 하시니 아침이 되매 동풍이 메뚜기를 불어 들인지라 출 10:13

모세가 손에 쥔 하나님의 지팡이 끝에서 인간이 도저히 상상할 수 없던 기적이 일어났습니다. 이뿐 아닙니다. 이스라엘 백성이 이집트에서 나왔을 때 거대한 홍해가 그들의 행진을 가로막았습니다. 이집트의 바로는 이스라엘 백성을 보낸 것을 후회하고 군대를 보내 그들을 추격했습니다. 앞으로는 홍해가, 뒤로는 이집트 군대가 이스라엘 백성을 욱여싼 것입니다.

이때 모세는 어떻게 합니까?

> 여호와께서 모세에게 이르시되 너는 어찌하여 내게 부
> 르짖느냐 이스라엘 자손에게 명령하여 앞으로 나아가
> 게 하고 지팡이를 들고 손을 바다 위로 내밀어 그것이
> 갈라지게 하라 이스라엘 자손이 바다 가운데서 마른 땅
> 으로 행하리라 출 14:15-16

모세는 손에 쥔 하나님의 지팡이를 홍해를 향해 내
밀었습니다. 그랬더니 바다의 흐름이 멈추고 바다 한
가운데가 갈라졌습니다. 이스라엘 백성이 바다 가운데
를 마른 땅처럼 걸어서 건넜습니다.

출애굽기 17장을 보면, 광야 생활에 지친 이스라엘
백성이 마실 물이 없자 아우성치며 물을 요구합니다.
그때 하나님은 모세에게 반석 하나를 지팡이로 치라
고 명령하십니다. 이때 하나님은 모세의 지팡이를 가
리켜 "나일강을 치던 네 지팡이"(출 17:5)라 칭하십니다.
이것은 무엇을 뜻합니까? 나일강을 치며 거대한 이집
트 세력을 굴복시켰던 하나님의 지팡이로 도저히 불

가능하다고 말할 수밖에 없는 상황에서 '가능'이라는 능력을 드러내라는 의미입니다. 그래서 모세가 이스라엘 장로들 앞에서 반석을 쳤을 때 물이 나와 그들의 목마름을 해갈할 수 있었습니다.

이처럼 목자들이 사용하던 평범한 지팡이가 하나님의 능력을 드러내는 "하나님의 지팡이"로 변했습니다. 하나님의 지팡이를 손에 잡고 산꼭대기에 선다는 것은 '나는 할 수 없지만, 모든 불가능을 가능하게 하시는 하나님의 능력을 신뢰한다'는 하나님을 향한 절대 신뢰를 보여 주는 것입니다.

어쩌면 예상치 못한 아말렉과의 전쟁을 앞두고 이스라엘 백성은 두려워했을 것입니다. 왜냐하면 노예 생활에 길들여진 이스라엘 백성이 잘 훈련된 아말렉과 전쟁을 해야 한다는 것 자체가 고통스러웠을 것입니다. 마치 모세가 뱀이 된 지팡이를 보는 순간 두려움에 놀라 그것을 피한 것처럼 말입니다. 그런데 손을 내밀어 뱀의 꼬리를 잡으라는 불가능한 명령에 모세가 순종했을 때 놀라운 기적을 누린 것처럼 아말렉과의 전쟁 또한 하나님께 속한 것이라는 사실을 모세가 절

대 신뢰했기 때문에 하나님의 지팡이를 손에 잡고 산
꼭대기에 오른 것입니다.

나 자신을 포기하라

하나님을 향한 절대 신뢰는 동시에 또 다른 의미를
내포합니다. 바로 자기 자신에 대한 절대 포기입니다.
하나님을 신뢰한다면 그분의 능력이 나의 전인격을
통해 나타나기 위해 자신을 포기합니다. 나를 포기하
지 않는다면 하나님의 능력이 온전히 드러날 수 없습
니다. 따라서 하나님을 향한 절대 신뢰는 나를 향한 절
대 포기라 말할 수 있습니다. 모세는 칼과 하나님의 지
팡이를 동시에 잡지 않았습니다. 전쟁에 칼이 필요하
지만 모세는 칼을 내려놓고 하나님의 지팡이를 손에
잡았습니다. 민족의 지도자로서 전장의 선봉에 서야
했지만 오히려 산꼭대기에 올라갔습니다. 바로 하나님
의 일하심을 신뢰하며 자신을 포기했기 때문입니다.

우리는 삶의 변화를 위해 수없이 결단하더라도, 몸이
상할 정도로 심한 고행을 한다 할지라도, 우리 자신을

이길 수 없습니다. 왜 그럴까요? 한편이기 때문에 그렇습니다.

결단과 고행이 우리 모습에 약간의 변화를 줄 수 있겠지만, 완전하신 하나님의 기준에는 미치지 못합니다. 우리는 죄의 굴레에 갇힌 죄인이기 때문입니다. 따라서 나를 아무리 쳐서 복종시키려 해도 절대로 복종할 수 없습니다.

뿐만 아니라 우리에게 더 큰 문제가 있습니다. 하나님을 향한 절대 신뢰가 없다는 것입니다. 물론 우리는 하나님을 믿고 그분을 신뢰한다고 말합니다. 하지만 하나님의 명령이 내 뜻과 다르면 순종하지 않습니다. 또 우리는 하나님 앞에 자신을 내려놓는다고 말합니다. 그래서 기도할 때마다 눈물 흘리며 자신을 포기한다고 고백합니다. 그러나 여전히 내 손에 무엇인가를 움켜쥐려고 합니다. 이러한 모습에 대해 호세아는 "두 마음을 품었으니"(호 10:2)라고 경고합니다. 하나의 몸에 두 마음이 있다는 것입니다.

두 마음을 가진 사람들은 다음과 같이 말합니다.

"나는 하나님을 신뢰하는데 왜 하나님은 나에게 은

오늘도 아말렉과 싸운다

혜와 복을 베풀지 않습니까? 철저히 나를 포기하며 살아가려고 하는데 왜 내 속에 아말렉이 계속 살아있습니까?"

여러분도 같은 질문을 품고 있지 않은가요? 하지만 성경은 이 질문에 대해 단호하게 대답합니다.

"하나님의 손이 짧아서, 그 능력이 부족해서가 아니다. 하나님을 절대적으로 신뢰하지 않아서 그렇다. 자기 자신을 포기하지 않아서 그런 것이다."

앞서 배웠듯이 아말렉과의 전쟁은 '주인을 바꾸는 것'입니다. 아말렉을 내 삶에서 지우지 않으면 감정과 기분에 따라 하나님을 대할 것입니다. 기분 좋을 때는 하나님을 모시고 잠시 교제하다가 조금이라도 내 뜻과 맞지 않거나 화가 나면 하나님을 땅바닥으로 내치고 하인 부리듯 할 것입니다. 바로 이때, 그 틈을 노리고 아말렉이 공격합니다.

이러한 모습이 우리에게 있지 않습니까? 이제는 이 모습이 반복되어 일상이 되어 버리진 않았습니까?

호세아는 두 마음을 품은 백성의 모습을 "뒤집지 않은 전병"(호 7:8)에 비유합니다. 아무리 좋은 식재료로

반죽을 잘한다고 해도, 값비싼 조리 기구로 굽는다 하더라도, 뒤집지 않고 그대로 둔다면 타 버려서 아무도 그 음식을 먹지 못합니다. 이같이 하나님을 믿는다고 하면서도 여전히 세상의 향락을 움켜쥐려고 한다면 신앙의 참맛을 맛볼 수 없을 것입니다. 너무 단순하지만 참으로 중요한 이 비밀을 사도 바울도 알고 있었습니다. 그래서 고린도교회 성도들에게, 또한 오늘을 살아가는 우리에게 다음과 같은 편지를 보냅니다.

> 형제들아 내가 이것을 말하노니 혈과 육은 하나님 나라를 이어받을 수 없고 또한 썩는 것은 썩지 아니하는 것을 유업으로 받지 못하느니라 고전 15:50

혈과 육은 아말렉의 본질입니다. 따라서 아말렉에게 사로잡히면 하나님 나라를 유산으로 받을 수 없습니다. 사도 바울은 단언하며 "나는 날마다 죽노라"(고전 15:31)라고 말합니다. 날마다 죽는다는 것은 자신을 포기하고 하나님의 지팡이를 손에 잡는다는 뜻입니다. 이것이 아말렉을 이길 수 있는 비결입니다.

오늘도 아말렉과 싸운다

하나님을 향하여 손을 들라

아말렉과의 전쟁에서 이기는 또 하나의 비결은 하나님을 향하여 손을 드는 것입니다. 모세는 하나님의 지팡이를 손에 잡고 산꼭대기로 향하여 믿음의 발걸음을 내디뎠습니다. 산꼭대기에 오른 모세는 그곳에서 무엇을 했을까요?

> 여호수아가 모세의 말대로 행하여 아말렉과 싸우고 모세와 아론과 훌은 산 꼭대기에 올라가서 모세가 손을 들면 이스라엘이 이기고 손을 내리면 아말렉이 이기더니출
> 17:10-11

모세가 하나님을 향하여 손을 들었습니다. 이스라엘 백성은 산 아래에서 아말렉과 치열한 전쟁을 감당하고 있습니다. 모세는 산꼭대기에서 손을 들고 있습니다. 이스라엘 백성이 이기는 모습에 기분이 좋아 손을 든 것이 아닙니다. 모세의 손은 하나님을 향한 승리의 열쇠였습니다. 성경은 아말렉과의 전쟁에서 모세가 손을 들면 여호수아의 칼날이 이기는 칼이 되고, 손을

내리면 패배의 칼이 되었다고 증거합니다. 그러니까 산 아래에서 이뤄진 아말렉과의 전쟁은 어디에서 승패가 결정된 것입니까? 바로 산 위, 모세의 손에 의해 좌우되었던 것입니다. 이것이 아말렉을 지우는 일에서 굉장히 중요한 가르침입니다.

'모세가 손을 들었다'는 것은 '하나님을 향해 기도 드렸다'는 의미입니다. 구약성경을 보면 하나님을 향하여 손을 드는 행위는 택한 백성이 하나님을 향해 부르짖는 기도의 표상이라고 가르칩니다. 대표적인 예로 시편 28편 2절을 들 수 있습니다.

> 내가 주의 지성소를 향하여 나의 손을 들고 주께 부르
> 짖을 때에 나의 간구하는 소리를 들으소서

다윗이 "무덤에 내려가는 자"(시 28:1)와 같은 절망적인 상황 앞에서 하나님 외에 의지할 대상이 없다고 고백합니다. 그래서 다윗은 하나님의 언약궤가 있는 지성소를 향하여 손을 들고 부르짖습니다. 하나님께 소망을 두고 있는 것입니다. 다윗은 어떻게 그 소망을 표

현합니까? 적극적으로 그의 "손을 들고" 부르짖음으로 간구하고 있습니다. 이처럼 하늘을 향하여 손을 든다는 것은 하늘의 하나님께 기도하는 것을 상징합니다.

아말렉과의 전쟁은 하나님이 주도적으로 이끄신 전쟁이므로 하나님을 향해 손을 들고 도움을 구해야만 이길 수 있습니다. 만일 하나님의 도우심을 구하지 않는다면 산 아래에서 아무리 좋은 전술과 무기, 열정을 쏟아붓는다고 하더라도 절대 이길 수 없습니다. 전쟁의 주도권을 하나님께 내어 드리는 것! 이것이 바로 손을 드는 기도요, 아말렉과의 전쟁에 있어서 승리의 비밀입니다.

여기서 우리 문제를 발견합니다. 바로 산 위에서 하나님을 향해 손을 드는 것이 얼마나 중요한지 놓치고 있다는 것입니다. 왜 그럴까요? 모두 산 아래의 상황에만 관심을 두기 때문입니다.

'어떤 무기를 손에 잡아야 할까? 어떤 사람을 만나야 할까? 어떤 전략을 세워야 할까?'

이렇듯 우리의 생각과 마음이 산 아래의 상황에 빼앗겨 버려 산 위를 향해 시선을 두지 못했기 때문입니다. 그러니까 우리가 수고하고 애쓰며 삶에 많은 투자를 하더라도 삶의 열매를 제대로 못 맺는 것입니다. 누구와 비교해도 부끄럽지 않을 만큼 노력했는데, 누구와 견주어도 결코 뒤처지지 않았는데, 아무리 손에 움켜쥐려고 해도 움킬 수 없는 이유는 우리 시선이 산 아래에 고정되어 있기 때문에 그렇습니다. 승기를 잡는 곳이 산 위라는 것을 망각했기 때문입니다.

이에 대해 사도 바울은 다음과 같이 권면합니다.

> 그러므로 나는 달음질하기를 향방 없는 것같이 아니하고 싸우기를 허공을 치는 것같이 아니하며 고전 9:26

마라톤을 잘 뛰는 선수라 하더라도 뛰어야 할 코스에서 벗어난다면, 선수의 달음질은 헛것일 뿐입니다. 따라서 목표와 방향을 분명하게 인식해야 합니다. 그리고 아무리 싸움을 잘한다고 자랑하더라도 막상 싸울 때 주먹이 허공에만 맴돈다면 그 싸움은 이미 진 것입니다. 따라서 싸워야 할 대상을 분명히 인식하고 싸움의 방법을 알 필요가 있습니다.

이것을 조금 더 쉽게 표현하고 싶습니다. 신앙생활

오늘도 아말렉과 싸운다

은 곧 '줄서기'와도 같습니다. 어디에 줄을 서야 하는 지를 아는 것이 바로 신앙생활입니다. 하나님 앞에 줄을 제대로 서야 합니다. 그러나 우리는 하나님 앞에 줄 서기를 머뭇거리며 주저합니다. 왜냐하면 아말렉과 같은 세상에 줄 선 사람이 더 많아 보이기 때문입니다. 하나님 앞에 줄 서는 사람이 많지 않기에 머쓱해하거나 부끄러워합니다. 그래서 슬그머니 세상 앞에 줄을 섭니다. 그것이 좋아 보이기 때문입니다. 무엇인가 이뤄질 것만 같기 때문입니다.

이러한 모습에 대해 예수님이 이렇게 말씀하십니다.

> 좁은 문으로 들어가라 멸망으로 인도하는 문은 크고 그 길이 넓어 그리로 들어가는 자가 많고 생명으로 인도하는 문은 좁고 길이 협착하여 찾는 자가 적음이라 마 7:13-14

아말렉과 같은 세상에 줄을 서면 그 순간은 굉장히 기쁩니다. 곧 무엇인가 될 것만 같습니다. 문이 크고 길이 넓기 때문입니다. 그러나 하나님 앞에 줄을 서는 것은 매력적이지 않습니다. 길이 좁고 협착하여 찾는 자가 적기 때문입니다. 그럴지라도 우리는 하나님 앞에 줄을 서야 합니다. 그 결과는 승리요 영원한 생명이기 때문입니다.

믿음의 조상 아브라함을 보십시오. 그가 조카 롯과 동행했을 때 하나님이 은혜 주셔서 각자의 소유가 많아졌습니다. 그런데 그들이 거주한 땅이 넉넉하지 못해 목자들끼리 서로 싸우게 되자 서로 거주할 곳을 찾기로 결정합니다. 결정권이 아브라함에게 있었지만, 그는 조카 롯에게 먼저 양보합니다.

그런데 롯은 어디에 인생의 줄을 섰을까요?

> 이에 롯이 눈을 들어 요단 지역을 바라본즉 소알까지 온 땅에 물이 넉넉하니 여호와께서 소돔과 고모라를 멸하시기 전이었으므로 여호와의 동산 같고 애굽 땅과 같았더라 창 13:10

롯이 눈을 들어 요단 지역을 바라봤습니다. 왜냐하면 물이 넉넉했기 때문입니다. 물이 넉넉하다는 것은 그 땅이 비옥하다는 상징적 표현입니다. 유목 민족에게 비옥

오늘도 아말렉과 싸운다

한 땅은 가축을 먹이기에 아주 적합한 장소라는 의미입니다. 그래서 롯이 주저하지 않고 요단 지역에 줄을 섰습니다. 그러나 롯의 선택은 멸망을 자초하는 일이었습니다. 하나님이 소돔과 고모라를 심판할 장소였기 때문입니다. 롯은 물의 넉넉함은 볼 수 있었지만, 그곳의 죄는 볼 수 없었던 것입니다. 그래서 결국 심판의 날에 아내는 소금기둥이 되었고, 롯은 딸들과 근친상간을 하게 되는 비극적인 인생을 살게 됩니다.

아브라함을 보십시오. 그도 롯과 같이 눈을 들어 바라봅니다. 그리고 그가 거주할 곳으로 향합니다. 그곳이 어디입니까?

> 이에 아브람이 장막을 옮겨 헤브론에 있는 마므레 상수리 수풀에 이르러 거주하며… 창 13:18

아브라함은 헤브론으로 장막을 옮겼습니다. 그러나 아브라함의 행보는 다소 파격적입니다. 옛 이름 "기럇아르바"라 일컫는 헤브론은 유목민에게 결코 매력적인 장소가 아니기 때문입니다.

여호수아 14장을 보면, 여호수아 앞에 선 85세 된 갈렙의 모습을 볼 수 있습니다. 노년이 된 갈렙은 여전히 하나님의 약속을 붙잡고 여호수아에게 요청합니다.

> 그날에 여호와께서 말씀하신 이 산지를 지금 내게 주소서 당신도 그날에 들으셨거니와 그곳에는 아낙 사람이 있고 그 성읍들은 크고 견고할지라도 여호와께서 나와 함께하시면 내가 여호와께서 말씀하신 대로 그들을 쫓아내리이다 하니 수 14:12

갈렙이 여호수아에게 요청한 땅이 바로 '헤브론'입니다. 그런데 갈렙이 헤브론을 어떻게 표현하고 있습니까? 바로 "산지"라고 말합니다. 왜냐하면 헤브론은 해발 930m 산악 지대에 있기 때문입니다. 그렇다면 아브라함이 헤브론으로 장막을 옮겼다는 것은 무엇을 뜻합니까? 가족과 가축, 그의 모든 소유를 이끌고 산으로 향했다는 것입니다.

만일 여러분이 아브라함이라면 어떤 결정을 내리겠습니까? 물이 넉넉한 초원 지대로 가겠습니까, 산악

오늘도 아말렉과 싸운다

지대로 가겠습니까? 유목민이 비옥한 땅을 버리고 상대적으로 삭막한 산악 지대로 거처를 옮긴다는 것은 이해하지 못할 결정이라 할 수 있습니다. 아마도 아브라함은 가족과 가축을 이끌고 힘겹게 한 걸음, 한 걸음 산에 올랐을 것입니다. 그러나 그의 행보는 하나님의 복을 향해 내딛는 믿음의 발걸음이었습니다. 겉으로 보면 롯과 아브라함의 모습에 차이가 없습니다. 창세기 13장 10절과 14절을 보겠습니다.

> 이에 롯이 눈을 들어 요단 지역을 바라본즉 소알까지 온 땅에 물이 넉넉하니 … 창 13:10

> 롯이 아브람을 떠난 후에 여호와께서 아브람에게 이르시되 너는 눈을 들어 너 있는 곳에서 북쪽과 남쪽 그리고 동쪽과 서쪽을 바라보라 창 13:14

롯과 아브라함 둘 다 눈을 들어 무엇인가 바라봤습니다. 그러나 이들이 눈을 들어 바라보는 목적은 차원이 달랐습니다. 롯은 눈을 들어 물의 넉넉함을 바라봤습니다. '자기의 소유'라는 욕망의 아말렉에 갇혀 바라본 것입니다. 그리고 아말렉 앞에 줄을 섰습니다. 그러나 아브라함은 거친 산악 지대인 헤브론을 바라봤습니다. 인간적인 생각으로 도저히 이해할 수 없는 행동입니다. 사람들이 찾지 않는 좁고 협착한 곳으로 가는 듯합니다. 그러나 아브라함은 하나님의 명령에 순종하며 묵묵히 그곳에 갑니다. 그는 하나님께 줄을 섰습니다.

아브라함은 그곳에서 무엇을 했을까요? 그는 "거기서 여호와를 위하여 제단을"(창 13:18) 쌓았습니다. 그는 오로지 하나님께 제단을 쌓기 위해 헤브론에 올랐습니다. 그의 마음엔 온통 하나님 생각뿐이었습니다. 왜냐하면 하나님께 줄을 서는 것이 가장 소중한 것임을 알았기 때문입니다. 헤브론에 있는 마므레 상수리 수풀이란 지명의 의미를 살펴보면 우리에게 던지는 하나님의 메시지를 알 수 있습니다. 헤브론이란 지명은 '연합, 교제'라는 뜻이고, 마므레란 지명은 '힘, 강함, 뜨거움'이라는 뜻입니다. 그러므로 이 단어를 연결하면 이렇게 표현할 수 있을 것입니다.

"하나님이 아브라함에게 눈을 들어 바라보게 하셔

오늘도 아말렉과 싸운다

서 헤브론에 있는 마므레 상수리 수풀로 이끄신 이유는 '아브라함과 뜨겁고 친밀한 교제'를 원하셨기 때문이다."

하나님은 택한 백성과 뜨겁고 친밀한 교제를 나누기 원하셨습니다. 이에 아브라함은 순종으로 하나님 앞에 서게 되었고, 이로 인해 아브라함은 믿음의 조상이 되는 복을 누리게 되었습니다.

아말렉의 기질을 가진 자들 앞에 줄을 서면 망합니다. 아말렉은 하나님을 두려워하지 않기 때문입니다. 아말렉은 이스라엘 백성이 원망, 불평, 갈등, 분쟁할 때마다 '내 먹이로구나' 하고 찾아옵니다. 나도 모르게 아말렉이 나의 주인이 되어 춤을 춥니다. 그래서 다른 사람을 쉽게 판단하고 비난하며 늘 마음에 만족을 누릴 수 없습니다. 아말렉에게 속고 있기 때문입니다. "잘한다. 네가 최고다"라는 아말렉의 미혹에 헛춤을 추다 보면 손에 쥐어지는 것이 하나도 없게 됩니다. 헛춤을 한창 출 때는 신납니다. 모두가 나를 향해 손뼉 치기 때문에 환영받는 듯합니다. 그러나 시간이 흐를수록 아무런 이득이 없습니다. 빈 바구니에 허탈이란 열매만 가득 채우게 됩니다.

이런 의미에서 하나님께 줄을 잘 서는 지혜와 결단
이 있길 바랍니다. 모세가 산에 올라 하나님의 지팡이
를 손에 쥐고 두 손을 들어 올려 기도하며 하나님께 줄
을 설 때 아말렉을 이길 수 있었습니다. 하나님께 줄을
서는 기도는 아말렉을 이기는 비결입니다.

기도가 이기는 비결이다

늘 후회하면서도 기도하지 않는 사람, 늘 기대를 가
지며 살아가지만 기도하지 않는 사람을 보면 참으로
안타깝습니다. 열정과 소원을 가지고 있으나 정작 기
도하지 않는 것처럼 어리석은 게 없습니다. 이런 사람
은 스스로 절망합니다. 자신을 이기지 못하기 때문입
니다. 아말렉에 의해 조종되기에 감정이 춤을 춥니다.
그러나 하나님을 향해 손을 든다면 하나님이 웃게 하
십니다. 소망 없던 아브라함에게 이삭을 주셔서 웃게
하시는 하나님이 바로 우리 하나님이십니다. 하나님을
향해 손을 드는 지혜로운 성도가 되기를 축복합니다.

오늘도 아말렉과 싸운다

우리가 기도하면 하나님이 대신해 아말렉과 싸우십니다. 승리를 맛볼 수 있습니다. 그러나 기도는 말처럼 간단하지 않습니다. 산 위에서 드린 모세의 기도를 보십시오. 그만한 노동이 없습니다.

> 모세의 팔이 피곤하매 그들이 돌을 가져다가 모세의 아래에 놓아 그가 그 위에 앉게 하고 아론과 훌이 한 사람은 이쪽에서, 한 사람은 저쪽에서 모세의 손을 붙들어 올렸더니 그 손이 해가 지도록 내려오지 아니한지라 출 17:12

하나님을 향해 기도하는 것은 피곤한 노동입니다. 그러나 무가치한 노동이 아니라 승리를 보장받는 노동입니다. 그래서 기도하는 데 땀 흘리고 수고해야 합니다. 여러분은 기도하는 일에 땀 흘리고 있습니까, 아니면 산 아래 싸움에만 모든 땀을 쏟아붓고 있지는 않습니까?

예수님은 기도에 대해 어떻게 말씀하십니까?

chapter 5.   승리의 비결, 하나님께 있다

예수께서 그들에게 항상 기도하고 낙심하지 말아야 할
것을 비유로 말씀하여 눅 18:1

예수님이 비유를 말씀하신 이유를 보십시오. "항상
기도하고 낙심하지 말아야" 하기 때문입니다. 이것은 무
엇을 의미할까요? 항상 기도하는 것이 쉽지 않다는 뜻
입니다. 기도하다가 쉽게 낙심할 수 있다는 의미입니다.
　기도하다가 지친 경험이 있습니까? 기도하기 전부
터 지쳐 있는 것은 아닙니까? 기도하다 지쳐 팔이 내
려올 만큼 기도에 집중합시다. 이것이 내가 사는 길입
니다.
　그리고 산 위에서 드리는 기도는 협력이 필요합니
다. 함께 기도하는 것이 참 중요합니다.
　모세가 기도하다가 지쳐 팔이 내려오니까 아론과 훌
이 돌을 가져다가 앉게 합니다. 우리말로 바꾸면 의자
하나를 가져와 앉게 한 것입니다. 그리고 한편에서 오른
팔을 잡고, 다른 한편에서 왼팔을 잡아 모세의 팔이 내
려오지 않도록 손을 붙들어 주었습니다. 기도가 노동이
라면 함께 기도할 때 어려움을 이겨 낼 수 있습니다.

　　　　　　　　　　　오늘도 아말렉과 싸운다

두세 사람이 내 이름으로 모인 곳에는 나도 그들 중에 있느니라 마 18:20

골방에 들어가 홀로 은밀하게 기도할 수도 있습니다. 하지만 성경은 하나님의 사람들이 함께 기도하는 것도 가르칩니다. 왜 그럴까요? 기도는 힘든 일이고, 쉽게 낙심할 수도 있기 때문입니다. 그래서 함께 서로 손을 잡아 주고, 이끌어 주며 기도할 것을 가르치신 것입니다.

이런 의미에서 우리에게는 '기도 일촌'이 필요합니다. 매일 서로를 위해 기도하며 격려할 영적 일촌이 필요합니다. 예수님도 절체절명의 순간에 제자들과 함께 겟세마네로 기도하러 가셨습니다. 그리고 제자들에게 기도를 부탁하셨습니다. 그러나 예수님이 기도하시는 동안 제자들이 잠들어 버렸습니다. 예수님이 오셔서 이렇게 말씀하십니다.

제자들에게 오사 그 자는 것을 보시고 베드로에게 말씀하시되 너희가 나와 함께 한 시간도 이렇게 깨어 있을

chapter 5.   승리의 비결, 하나님께 있다

예수님이 기도하실 때, 제자들은 함께 기도하지 못
했습니다. 육신이 피곤해서 졸았습니다. 꼭 우리의 모
습을 보는 것 같습니다. 하지만 함께 기도하면 인내할
수 있습니다.

모세가 두 팔을 하늘을 향해 들었을 때, 지치지 않도
록 아론과 훌이 양쪽에서 붙들었습니다. 언제까지 붙
들었습니까? "해가 지도록 내려오지"(출 17:12) 않았다
고 합니다. 즉 싸움이 끝날 때까지 모세의 손이 하늘을
향하도록 붙들었던 것입니다. 혼자서는 할 수 없는 일
이라도 믿음으로 함께한다면 가능합니다. 우리는 기도
를 너무 쉽게 포기합니다. 기도 응답이 손에 쥐어질 때
까지 인내해야 합니다.

남편과 아내가, 부모와 자녀가 기도의 손을 서로 붙
들어 줄 수 있기를 축복합니다. 응답의 순간까지 인내
하면서 서로의 손을 붙들어 주는 아름다운 모습이 있
기를 축복합니다. 산 위에서의 부르짖음을 통해 산 아

오늘도 아말렉과 싸운다

래의 싸움에서 승리하는 복된 삶이 되길 축복합니다.

마지막으로, 산 위에서의 기도가 어떤 결과를 가져왔는지 보십시오.

모세가 제단을 쌓고 그 이름을 여호와 닛시라 하고 출 17:15

아말렉과의 전쟁에서 승리한 모세가 그곳에 제단을 쌓고 "여호와 닛시"라고 이름 붙입니다. 하나님이 이기게 하신 것입니다. 우리가 하나님의 지팡이를 손에 잡고 하나님을 향해 기도의 손을 들면 하나님이 이기게 하십니다.

아말렉과의 전쟁에서 기도로 싸워 이기기를 바랍니다. 아말렉은 우리가 기도하면 숨을 죽이고 넙죽 엎드립니다. 그러나 우리가 기도를 놓치고 있으면 고개를 들고 일어납니다. 여러분의 인생이 산 아래로 내려가지 않고, 산 위를 향하여 올라가기를 축복합니다.

묵상하기

✎ 두려움을 이기는 순종이 평범한 모세의 지팡이를 하나님의 지팡이로 변화시켰습니다. 오늘을 살아가는 나에게 하나님이 원하시는 순종은 무엇입니까?

✎ 하나님을 절대적으로 신뢰하기 위해 절대적으로 포기해야 할 나의 모습은 무엇입니까?

✎ 아말렉과의 싸움에서 영원히 승리하실 하나님께 간절히 부르짖는 거룩한 습관이 있습니까?

✎ 아말렉과 싸워 승리하기 위해 함께 기도할 '기도 일촌'은 누구입니까?

✎ 아말렉과 대대로 싸우시고 반드시 승리하실 하나님은 나와 함께 승리를 쟁취하기 원하십니다. 나의 삶을 하나님께 맡기는 신앙 고백을 적어 봅시다.